ΚΙΚΗ ΦΙΛΙΠΠΙΔΟΥ

ΥΠΑΡΧΕΙ "Ο ΑΝΤΡΑΣ ΤΗΣ ΖΩΗΣ ΜΟΥ";

7 βασικές παγίδες στην επιλογή συντρόφου και πώς να τις αποφύγετε

Τίτλος βιβλίου
Υπάρχει "ο άντρας της ζωής μου";
7 βασικές παγίδες στην επιλογή συντρόφου
και πώς να τις αποφύγετε

Συγγραφέας
Κική Φιλιππίδου

Επιμέλεια
Χάρις Κανελλοπούλου

Θεώρηση κειμένου
Χριστίνα Κερπινιώτη

Στοιχειοθεσία - Σελιδοποίηση
ΕΜΠΕΙΡΙΑ ΕΚΔΟΤΙΚΗ Α.Ε.Β.Ε

Σχεδίαση εξώφυλλου
Μπέσσυ Τσακίρη

Φιλμογράφηση
Μιχάλης Απόστολος

Εκτύπωση
Technograph - Δ. Πρίφτης & Υιοί

Πρώτη έκδοση: Απρίλιος 2004

ISBN: 960-417-058-9

ΕΜΠΕΙΡΙΑ ΕΚΔΟΤΙΚΗ Α.Ε.Β.Ε
Μεσογείων 74, 115 27 Αθήνα
Τηλ.: 210 77.77.788 - Fax: 210 77.57.757
E-mail: info@empiria.gr
www.empiria.gr

EMPIRIA PUBLICATIONS S.A.
74 Messogion avenue, 115 27 Athens Greece
Tel.: +30210 77.77.788 - Fax: +30210 77.57.757
E-mail: info@empiria.gr
www.empiria.gr

ΚΙΚΗ ΦΙΛΙΠΠΙΔΟΥ

ΥΠΑΡΧΕΙ "Ο ΑΝΤΡΑΣ ΤΗΣ ΖΩΗΣ ΜΟΥ";

7 βασικές παγίδες στην επιλογή συντρόφου και πώς να τις αποφύγετε

Σειρά: Απέναντι στο πρόβλημα

ΕΜΠΕΙΡΙΑ ΕΚΔΟΤΙΚΗ

ΑΘΗΝΑ 2004

Περιεχόμενα

Σε όλες τις αγαπημένες μου φίλες

Μικρός πρόλογος

Σύντροφος! Μια λέξη μαγική που πάνω της εναποθέσαμε πολλές επιθυμίες, ανάγκες, ελπίδες, αναμονές.

Σύντροφος! Τον λατρέψαμε, τον μισήσαμε, τον αναθεματίσαμε, τον κοροϊδέψαμε, τον αγαπήσαμε, τον ερωτευθήκαμε.

Πονέσαμε μαζί του, πληγωθήκαμε, χάσαμε τη χαρά, χάσαμε την ηρεμία μας, αλλά και ευτυχήσαμε, αλλάξαμε, ζωντανέψαμε, ομορφύναμε τη ζωή μας.

Μπορούμε αλήθεια να διαλέξουμε "σωστά" το σύντροφό μας; Τι "πρέπει" να γνωρίζουμε; Υπάρχει ο "ιδανικός" άντρας για μένα; Υπάρχει ο άντρας της ζωής μου;

Τέτοια κι άλλα παρόμοια ερωτήματα βασάνιζαν από πάντα και ταλαιπωρούν ακόμη κάθε γυναίκα που έχει νιώσει ανάγκη ή επιθυμία για συντροφικότητα.

Κάποιοι μας συμβουλεύουν να βολευτούμε με έναν οικονομικά... εύρωστο, κάποιοι άλλοι μας προτρέπουν να αφήσουμε μόνο τη "χημεία" να λειτουργήσει, και άλλοι τέλος μας λένε απλά να μην πολυδίνουμε σημασία σε συμβουλές και να κάνουμε ό,τι κατεβάσει το κεφάλι και μας υπαγορεύσει το κέφι μας.

Όλοι όμως καταλήγουν με βεβαιότητα ότι μια γυναίκα ανεξάρτητα οικονομικής, κοινωνικής, επαγγελματικής, μορφωτικής, ηλικιακής κατάστασης, πρέπει να βρει το έτερον ήμισυ για να τη... συμπληρώσει!

Έτσι, χιλιάδες γυναίκες που πιστεύουν ότι είναι "ατελείς", έχουν κατέβει εδώ και πολλά πολλά χρόνια στην αρένα για να ζευγαρώσουν, άλλοτε ημερώνοντας και άλλοτε εξολοθρεύοντας τον... ταύρο.

Λένε οι μαμάδες:

❣ Πρέπει να βρεις οπωσδήποτε έναν άντρα γιατί μια γυναίκα **μόνη της** είναι κοινωνικά στο περιθώριο.

❣ Πρέπει να παντρευτείς και μάλιστα όσο είσαι μικρή γιατί οι άντρες θέλουν τις γυναίκες νέες και φρέσκες (Μέχρι και ημερομηνία λήξης κοντεύουν να μας βάλουν!).

❣ Πρέπει να βρεις κάποιον να έχει την ευθύνη σου για να ησυχάσουμε κι εμείς σαν γονείς! (Λες και είμαστε άτομα με ειδικές ανάγκες που χρειάζονται οπωσδήποτε βοήθεια!)

Λένε οι φίλες:

❣ Πρέπει να έχεις κι εσύ κάποιον, όπως όλοι (Λες κι αν βγεις από τον κανόνα, θα είσαι ο χαζός της ιστορίας!).

❣ Πρέπει να έχεις οπωσδήποτε έναν άντρα, για να μη μείνεις **μόνη σου** (Αυτό ισορροπεί μεταξύ κατάντιας, απειλής και κατάρας!).

❣ Πρέπει να βρεις κάποιον για να βγαίνεις έξω, να πηγαίνεις τις εκδρομές σου, τα ταξίδια σου (Αλλιώς η λύση είναι η καλογερική!).

Γράφουν πολλά περιοδικά έχοντας μάλιστα και φωτογραφίες:

Αυτοί είναι οι περιζήτητοι εργένηδες, δηλαδή πλούσιοι (λες κι εμείς είμαστε τίποτα πειναλέα φτωχαδάκια και ζήτουλες), όμορφοι και κοσμικοί (λες κι εμείς ήρθαμε από άλλο πλανήτη και δεν ξέρουμε τίποτα από κοινωνική ζωή) και μας προκαλούν: ή να διαπιστώσουμε πόσο ανεπαρκείς είμαστε, άρα να συμφιλιωθούμε με την αδυναμία και την αποτυχία μας, ή να προσπαθήσουμε λυσσαλέα να αγωνιστούμε για να κερδίσουμε το περιζήτητο έπαθλο.

Άλλα περιοδικά μας συμβουλεύουν:

- Πώς να κατακτήσετε τον άντρα που ερωτευθήκατε!
- 10 τρόποι για να τον τρελάνετε και να μη σας αφήσει ποτέ!

Πάντα όμως βάζουν εμάς στο ρόλο του κυνηγού και τον άντρα στο ρόλο του βραβείου.

Κάποια άλλα πάλι μας προτρέπουν να αποκτήσουμε "αντρική" νοοτροπία και να φερόμαστε στους άντρες στα ίσα, σκληρά, υποτιμητικά, συγκαταβατικά, όπως έκαναν εκείνοι πολλά χρόνια τώρα (Έτσι δηλαδή για να διαιωνίζουμε πιο πολύ την εμπόλεμη κατάσταση, με περισσότερες παρεξηγήσεις, παρανοήσεις, θυμό, πόνο και θλίψη!!!).

Κι εμείς, στο μέσο όλων αυτών, προσπαθούμε να φτιάξουμε το δικό μας ερωτικό χάρτη και να διαλέξουμε τον άντρα που μας ταιριάζει.

Η συντροφική σχέση έχει σημαντική συμβολή στην ευτυχία μας. Δεν είναι όμως ο αποκλειστικός υπεύθυνος. Δεν πρέπει να αποκτήσουμε σύντροφο για να μπορέσουμε να ευτυχήσουμε, όταν σε όλο το υπόλοιπο κομμάτι της ζωής μας αδρανούμε και τεμπελιάζουμε. Ούτε πρέπει να έχουμε σύντροφο γιατί έτσι κάνουν όλοι. Ούτε γιατί μας χαρίζει κοινωνικότητα ή ασφάλεια (αλήθεια μήπως κινδυνεύουμε από κανά μπαμπούλα;).

Όταν ο σύντροφος γίνεται ένα "πρέπει", ένας αναγκαίος τροφοδότης και θερμόμετρο της προσωπικής μας αξίας, τότε είμαστε σε φάλτσο τόνο. Όταν δε επαναλαμβανόμαστε, ε!!! Τότε οι επιλογές μας θα συσσωρεύσουν πίκρα, πόνο, θυμό, απογοήτευση, μοναξιά, εγκατάλειψη...

Ο σύντροφος δεν είναι ούτε αφέντης ούτε δούλος ούτε τιμονιέρης ούτε παραπαίδι ούτε πρωταγωνιστής ούτε κομπάρσος. Η συντροφική σχέση είναι πολύτιμη για να καθορίζεται από απεγνωσμένη ανάγκη για αναγνώριση και αποδοχή. Όλοι θέλουμε να αρέσουμε, να αναγνωρίζουν την αξία μας και να μας επιβραβεύουν. Αυτό όμως ας έρχεται σαν αποτέλεσμα των πράξεών μας και όχι σαν αυτοσκοπός, σαν στόχος ή κίνητρο.

Θεωρητικά, όλες μας ψάχνουμε τον σωστό, τον ιδανικό. Όμως συχνά έχουμε θολό και μπερδεμένο στο μυαλό μας τι σημαίνει για **εμάς** συντροφικότητα, και δεν ξέρουμε τι ακριβώς περιμένουμε από αυτήν.

Θέλουμε την ευτυχία, τη νιώθουμε όμως περισσότερο σαν αόριστη ελπίδα, ακαθόριστη ευχή, ή εύνοια της τύχης και λιγότερο σαν μια συνεχή καθημερινή πρακτική.

Λέμε ότι θέλουμε και διεκδικούμε την αγάπη, τον έρωτα, την αποδοχή, την ευτυχία. Όμως πόσο καλά γνωρίζουμε τις ανάγκες και τις επιθυμίες μας; Τις ξέρουμε, τις υποπτευόμαστε ή χειρότερα ακόμη τις αγνοούμε παντελώς; Οι πράξεις και οι επιλογές μας ταιριάζουν με όσα λέμε ότι θέλουμε, με όσα πιστεύουμε για την αγάπη, τον έρωτα, τη συντροφικότητα; Κι αν όχι, τι είναι αυτό που μας κάνει να λοξοδρομούμε και άλλα να νομίζουμε ότι θέλουμε, άλλα να εισπράτουμε, άλλα να ονειρευόμαστε και άλλα να ζούμε;

Η καθεμία μας έχει τα δικά της πιστεύω, τις δικές της ανάγκες, επιθυμίες, φόβους και αναστολές. Όλα αυτά επηρεάζουν ή και καθορίζουν τις ερωτικές μας επιλογές με αποτέλεσμα, όπως είδαμε, να δημιουργούμε κάποιες πατέντες που ενώ μας δυσκολεύουν τη ζωή, εμείς τις επαναλαμβάνουμε ξανά και ξανά.

Όταν δεν παίρνουμε από τη σχέση μας ό,τι χρειαζόμαστε, όταν δε νιώθουμε συντροφικά καλυμμένες, ας αναρωτηθούμε: Μήπως κάτι δεν πάει καλά στον τρόπο που έχω μάθει να επιλέγω συντρόφους; Μήπως οι πατέντες μου δεν είναι ιδιαίτερα χρήσιμες και βοηθητικές; Μήπως αλλού δείχνει η πυξίδα της συναισθηματικής μου ευτυχίας κι εγώ γι' αλλού τραβώ και πηγαίνω;

Πώς γίνεται να πέφτω σε καταστάσεις όπου νιώθω ανικανοποίητη και δυστυχισμένη;

Όταν η ερωτική μας ζωή, αντί να γίνεται πιο γεμάτη, πιο ζωντανή, πιο ενδιαφέρουσα, μαραίνεται, όταν νιώθουμε μόνιμα ανικανοποίητες, θλιμμένες, θυμωμένες, αγχωμένες και απελπισμένες, μήπως είναι η ώρα να το παραδεχτούμε, να το αντιμετωπίσουμε και να προσπαθήσουμε να το αλλάξουμε;

Ας ψάξουμε λοιπόν να βρούμε μαζί τι είναι αυτό που κάνουμε **κατ' εξακολούθηση και κατά συρροή**, οδηγώντας έτσι την ερωτική μας ζωή από μια άτυχη σε άλλη ατυχέστερη επιλογή.

Σε αυτό το βιβλίο θα αναφερθώ στις συνηθέστερες από αυτές τις παρεξηγήσεις, παγίδες ή όπως αλλιώς θέλετε να τις ονομάσετε, που κυριαρχούν στη ζωή μας και μας στερούν την ισορροπία, τη ζωντάνια, τη χαρά και την ευτυχία που δικαιούμαστε.

Παράλληλα, θα παραθέσω αφηγήσεις που στηρίζονται σε αληθινές ιστορίες καθημερινών γυναικών, γνωστών φίλων, αλλά και εκείνων που ήρθαν στο γραφείο θέλοντας να αλλάξουν τη ζωή τους και να διεκδικήσουν μια ερωτική, συντροφική ζωή αμοιβαίου σεβασμού, αλληλοκατανόησης και αγάπης.

(Φυσικά τα ονόματα, η ηλικία, τα επαγγέλματα και άλλα προσωπικά στοιχεία είναι αλλαγμένα, έτσι ώστε να μην είναι αναγνωρίσιμη η ταυτότητά τους.)

Πρώτη παγίδα:
Ένας Οδυσσέας χωρίς... Ιθάκη

Η γυναίκα που λειτουργεί σαν Οδυσσέας, γοητεύεται και έλκεται από άντρες που δεν είναι συναισθηματικά διαθέσιμοι, δεν αντέχουν δηλαδή μια στενή προσωπική ερωτική σχέση. Κάποιοι έτσι επιλέγουν και επιθυμούν, άλλοτε υπάρχουν αντικειμενικά προβλήματα, άλλοτε συναισθηματικές δυσκολίες, άλλοτε φόβος για την εγγύτητα, για το δόσιμο και την αφοσίωση σε μία σχέση.

Πιο συγκεκριμένα, ο θηλυκός Οδυσσέας έλκει και έλκεται από άντρες που δεν μπορούν να της αφιερώσουν ούτε χρόνο ούτε ενέργεια ούτε –κυρίως– συναίσθημα.

Οι περισσότεροι είναι γι' αυτήν αξιόλογοι και αξιοθαύμαστοι. Θαυμάζει και αντιμετωπίζει με δέος όσους η ίδια θεωρεί σημαντικούς και άξιους εκτίμησης για οποιονδήποτε λόγο (προσωπική ιδεολογία, πνευματική κατάρτιση, κοινωνική επιτυχία κ.ά.).

Είναι στ' αλήθεια έτσι ή τους μετατρέπει σε "γίγαντες" η χαμηλή αξιολόγηση του εαυτού της; Όταν νιώθουμε μικρές κι ασήμαντες, δεν έχουμε την τάση να μεγεθύνουμε τους γύρω μας, τα προτερήματα και τα χαρίσματά τους;

Η γυναίκα αυτή έλκεται από καταστάσεις και ανθρώπους που μοιάζουν να μην είναι του χεριού της.

Χωρίς να το καταλαβαίνει ή να το συνειδητοποιεί, βάζει συστηματικά στο στόχαστρο εκείνους που είναι δύσκολο να την αποδεχτούν, να τη θέλουν. Είναι σαν να μετράει το πόσο επιθυμητή είναι από το πόσο θα αντισταθούν στη γοητεία της. Όποιος της βάζει εμπόδια στην κατάκτησή του είναι αυτός που αξίζει περισσότερο, άρα θα κολλήσει μαζί του. Όσο πιο πολύ αυτός αντιστέκεται, τόσο πιο πολύ τον θέλει εκείνη. Όσο πιο πολύ τη δυσκολεύει, τόσο δικαιολογείται η επιμονή της.

Οι παραλλαγές δυσκολίας μπορεί να είναι πολλές. Άλλος μπορεί να είναι παντρεμένος, άλλος γκέι, άλλος αφιερωμένος σε κάποιο ανώτερο σκοπό, άλλος κολλημένος στη μαμά του ή στην οικογένειά του, άλλος αθεράπευτα ερωτευμένος με την πρώην, άλλος πικραμένος απ' τη ζωή ή τις σχέσεις, άλλος δοσμένος τρελά στη δουλειά του κι άλλος δημόσιο πρόσωπο ή διασημότητα.

Όλοι αυτοί όμως οι διαφορετικοί άντρες έχουν έναν κοινό παρονομαστή: την έλλειψη χώρου στην καρδιά και τη ζωή τους για μια κοντινή, οικεία σχέση. Δεν μπορούν, δε σκοπεύουν να αφοσιωθούν σε μια γυναίκα και να φτιάξουν σχέση ουσιαστικής αγάπης και αφοσίωσης, ανεξάρτητα απ' ό,τι συχνά λένε και υποστηρίζουν. Δεν επενδύουν συναισθηματικά στην ίδια και συχνά οι προτεραιότητές τους είναι πολύ διαφορετικές από τις δικές της. Το μόνο που ζητούν από αυτήν είναι να παίξει ένα συγκεκριμένο –συνήθως μικρό και ασήμαντο– ρόλο στη ζωή τους με τον τρόπο που θέλουν, όταν το θέλουν, όπως το θέλουν.

Η ταξιδιώτισσά μας ξέρει από την αρχή την κατάσταση. Ξέρει ότι η Ιθάκη είναι μακρινή και ίσως αδύνατον να τη φτάσει. Απολαμβάνει όμως την πορεία. Η αναμέτρησή της με τη δυσκολία ανεβάζει τη ζωντάνια της σαν ένα διεγερτικό. Η **ανάγκη** της να αντλεί δύναμη και ενέργεια από την επιτυχία της στην αναμέτρηση με τα εμπόδια γίνεται μεγαλύτερη από την **επιθυμία** της για ευτυχία και αγάπη. Ο αλκοολικός δε θέλει απλώς να πιει, έχει ανάγκη να πιει. Ο ναρκομανής δε θέλει απλά την πρέζα του, την έχει ανάγκη.

Λέει και πιστεύει ότι θέλει να ευτυχήσει, θέλει να χαρεί τον έρωτα, την αγάπη, την ολοκλήρωση, όμως αυτές οι επιθυμίες της προδίδονται γιατί υπερισχύει η έντονη, απαιτητική ανάγκη, αυτή που την ωθεί στην επιχείρηση-κατάκτηση ενός κάστρου μακρινού, καλά προφυλαγμένου, δυσπόρθητου. **Έτσι** νιώθει αποδεκτή και σημαντική. Όσο πιο δύσκολος είναι ο στόχος-άντρας, τόσο πιο επιθυμητός και ενδιαφέρων γίνεται, γιατί όταν τον κατακτήσει, θα είναι ακόμη πιο σημαντική και σπουδαία, τότε θα αξίζει πραγματικά. Ο δύσκολος άντρας έχει δηλαδή στα χέρια του το ρυθμιστή της προσωπικής της αξίας. Σαν γυναίκα, σαν θηλυκό, σαν άνθρωπος.

Όταν γνωρίζει έναν τέτοιον άντρα, μεταμορφώνεται, αλλάζει, αποκτά μεγαλύτερο ενδιαφέρον για τη ζωή. Αναζωογονείται, ανανεώνεται και ενεργοποιείται με ιδιαίτερη ζωντάνια. Είναι σαν να ξεκινάει ένα μακρύ ταξίδι γεμάτο εμπόδια μεν, πολλή περιπέτεια δε.

Στην πορεία συχνά πληγώνεται, βασανίζεται και υποφέρει από τις συνέπειες των επιλογών της και το χειρότερο είναι ότι δεν καταλαβαίνει τι κάνει και πώς.

Παρηγορείται όμως με τη διαπίστωση ότι ο δύσκολος στόχος δικαιολογεί και αργοπορία και αποτυχία. Παραπονιέται για την ατυχία στη ζωή της, πικραίνεται γιατί δεν μπορεί να αποκτήσει ό,τι θέλει, πληγώνεται, όταν μιλάει για όσα της λείπουν.

Αλλά γρήγορα βρίσκει δικαιολογίες για να τακτοποιήσει όλα όσα εκκρεμούν μέσα της. Άλλοτε μπορεί να αξίζει πολύ κατά την κρίση της ο συγκεκριμένος άντρας. Άλλοτε μπορεί να έχει κάτι ξεχωριστό που οι κοινοί θνητοί δεν καταλαβαίνουν. Άλλοτε νιώθει σαν ιδανική γυναίκα που κατανοεί, λυπάται και συμπαραστέκεται σε έναν καημένο, τυραννισμένο και βασανισμένο. Άλλοτε αναμετριέται με μια άλλη γυναίκα, άλλοτε με τη σεξουαλική προτίμηση του άντρα, άλλοτε με τα ιδανικά του και άλλοτε με την εργασιομανία του.

Ο ρόλος του μάρτυρα ή του θύματος εναλλάσσονται με το ρόλο του προνομιούχου ή του αξιόλογου άτυχου για να της δώσουν μια ψευδαίσθηση αξίας και σημαντικότητας.

Στην πραγματικότητα, πάντα εισπράττει ψίχουλα συναισθημάτων, μόνο που φτάνει να νομίζει ότι είναι καρβέλια πολυτελείας. Το "λίγο", φιλτραρισμένο μέσα από τη χαμηλή αυτοεκτίμησή της, γίνεται "αρκετό", "ικανοποιητικό", "ό,τι της αξίζει".

Ας ακούσουμε όμως από προσωπική αφήγηση την οδύσσεια της Ρόζας.

Η Ρόζα είναι τριάντα ετών, χαριτωμένη, ζωντανή, διψασμένη για αγάπη και αποδοχή. Οι γονείς της είναι σύγχρονοι, μοντέρνοι, πιο φιλελεύθεροι από τους δικούς τους γονείς. Είχαν διάθεση, όπως οι περισσότεροι γονείς αυτού του κόσμου, να μεγαλώσουν όσο πιο σωστά μπορούσαν το παιδί τους. Μόνο που έπεσαν κι αυτοί στην υπό όρους αποδοχή της κόρης τους. Της πέρασαν υπόγεια το μήνυμα "περιμένουμε από σένα να μας βγάλεις ασπροπρόσωπους και να κάνεις πάντα ό,τι θα μας κάνει να σε εκτιμάμε και να είμαστε περήφανοι για σένα". Ζητούν **προϋποθέσεις** για την αναγνώριση και την αγάπη που έχουν να της προσφέρουν. Η φροντίδα και η προσοχή τους δόθηκε αποστειρωμένα, χωρίς ιδιαίτερο δέσιμο, χωρίς ιδιαίτερη οικειότητα. Ήταν πάντα έτοιμοι να διδάξουν και να επιβάλουν, όχι να συμβουλεύσουν. Η Ρόζα έμαθε τι είναι το σωστό, αλλά δεν ένιωσε την άνευ όρων γονική αγάπη που περιβάλλει, αγκαλιάζει και ζεσταίνει το παιδί δίνοντάς του την ευκαιρία να δημιουργήσει τη δική του προσωπικότητα, ανεξάρτητη και διαφορετική ίσως, αλλά εξίσου σημαντική και αξιόλογη.

Η Ρόζα δεν έχει δημιουργήσει την καλύτερη γνώμη για την ίδια. Νιώθει και πιστεύει ότι δεν είναι ικανή να φτάσει το μέγεθος, τον όγκο και την αξία της προσωπικότητας των γονιών της. Έτσι δεν έχει ούτε μεγάλη υπόληψη ούτε ιδιαίτερη εκτίμηση στον εαυτό της.

Θεωρώ ότι ήμουν πάντα αρκετά τυχερός άνθρωπος σε όλα, εκτός από τα αισθηματικά μου. Δεν ήμουν ποτέ όμορφη, αλλά έμαθα να ζω με αυτό. Η μαμά μου έλεγε ότι ανέτρεψα το παραμύθι του ασχημόπαπου που γίνεται κύκνος, και αυτό έδειχνε την επαναστατική μου ιδιοσυγκρασία!!! Εγώ όμως δεν παρηγορούμουν ιδιαίτερα, μιας και όλοι έμαθαν να με φωνάζουν "παπί" παραλείποντας το "άσχημο" χάριν συντομίας.

Ούτε όμως και καμιά απαστράπτουσα εξυπνάδα επέδειξα. Μπορώ να πω ότι το μυαλό μου δούλευε μέτρια, αποδοτικά μεν, αλλά απελπιστικά μονότονα και προβλέψιμα. Ήμουν εν ολίγοις μια άσχημη μετριότητα...

Ας μιλήσω όμως καλύτερα για τον πρώτο μου έρωτα, τον Αλέξανδρο. Όλοι στην τάξη έλεγαν και παραδέχονταν ότι ήταν δυναμικός, διεκδικητικός, γλυκός, τρυφερός και επαναστάτης. Συμμετείχε σε έναν όμιλο διερεύνησης και συζήτησης πνευματικών θεμάτων, σε μια ομάδα απεξάρτησης από αλκοόλ και σε μια ομάδα υποστήριξης των πασχόντων από AIDS.

Γρήγορα μπήκα κι εγώ κάτω από τη σημαία του κι έγινα ένας πολύ σκληρά εργαζόμενος ταπεινός υποστηρικτής του. Τον θαύμαζα, τον πίστευα, τον λάτρευα!!! Δίπλα του ένιωθα να γίνομαι σημαντικότερος άνθρωπος και ήλπιζα μακροπρόθεσμα να αφήσω καλύτερα χνάρια στη γη και να δικαιολογήσω άξια την ύπαρξή μου και το πέρασμα από αυτή τη ζωή. Ήμουν έτοιμη και αποφασισμένη να τον κάνω μέντορα, φίλο, σύντροφο και εραστή.

Όμως υπολόγιζα χωρίς τον ξενοδόχο Αλέξανδρο.

Μια ωραία βραδιά με φεγγάρι, μετά από τη δουλειά μας στους αλκοολικούς, ειλικρινά και τίμια μου εκμυστηρεύτηκε ότι δεν είχε κανένα ενδιαφέρον για το σεξ, την ηδονή και την ευχαρίστηση, διότι αυτού του είδους η απόλαυση αφαιρεί ενέργεια και πνευματικότητα.

Φανταστείτε πώς ένιωσα εγώ που μεγάλωσα με τις ιδέες του μπάρμπα Φρόιντ (θα τρίζουν σίγουρα τα κόκαλά του...) και γαλουχήθηκα από δύο γονείς φανατικούς υποστηρικτές του.

Αργότερα, πολύ αργότερα, συνειδητοποίησα τι άκουσαν τα αυτιά μου, αλλά αρνήθηκα να το καταγράψω. Αλίμονο αν ένα τόσο όμορφο και σέξι πλάσμα παρατούσε τα "εγκόσμια". Δεν είναι εύκολο να πάει κανείς ενάντια στη φύση του, ιδιαίτερα όταν είναι δεκαοχτώ χρονών και βράζει το αίμα του. Αλλά και να 'θελε να αγνοήσει τη λίμπιντό του, αποφάσισα να μην τον αφήσω ήσυχο εγώ.

Έτσι από την άλλη μέρα άρχισα να φροντίζω ιδιαίτερα την εμφάνιση και τη γυναικεία μου φύση. Όμως ο Αλέξανδρος δε φάνηκε να παρατήρησε την αλλαγή που περήφανα επεδείκνυα ούτε άλλαξε τίποτα στη συμπεριφορά του.

Παρ' όλα αυτά, δυστυχώς η έλξη μου για τον Αλέξανδρο μεγάλωνε, μαζί όμως και η δική του αποστασιοποίηση από τα "γήινα". Όλο έλεγα μέσα μου ότι κάποια στιγμή θα αλλάξουν όλα. Θα φύγει το πέπλο από τα μάτια του και θα δει τη γυναίκα που ήταν δίπλα του, που έλιωνε γι' αυτόν και περίμενε μόνο μια μικρή ενθάρρυνση για να του χαρίσει τον παράδεισο. Αυτή η ελπίδα μου όμως έσβηνε μέρα με τη μέρα, ώσπου έφτανε ένα παράξενο βλέμμα του Αλέξανδρου ή μια τρυφερή κίνησή του για να την αναζωπυρώσει, να μου ξαναδώσει φτερά στην καρδιά και να με γεμίσει γλυκιά προσμονή.

Όλα όμως τελείωσαν οδυνηρά και απότομα μέσα σε ένα βράδυ, μέσα σε μόνο μια στιγμή με κάποιες τελεσίδικες λέξεις. Όχι, ο Αλέξανδρος ήταν ταγμένος στην αποστολή του, δεν ήθελε μια φυσιολογική γήινη ζωή. Όχι, ο Αλέξανδρος δεν ήθελε να γίνει εραστής μου. Όχι, ο Αλέξανδρος δεν ήταν ερωτευμένος μαζί μου.

Πόνος πολύς, δύσκολο να τον σηκώσεις. Πόνος βαθύς από έναν έρωτα που δεν άνθισε ποτέ. Κάποιες στιγμές αναθαρρούσα κι άρχισα να ελπίζω ότι ίσως κάποτε αυτό το αγόρι αφηνόταν να ερωτευτεί και να ποθήσει. Άλλοτε πάλι γέμιζα απογοήτευση και έβλεπα το αδιέξοδο σκληρό και τελεσίδικο να πιέζει τα πράγματα προς ένα αναπόφευκτο τέλος...

Ο Σεπτέμβρης που ήρθε, έμελλε να αλλάξει τις ζωές όλων μας.

Όταν τον είδα ξαφνικά μπροστά μου στην πόρτα του σπιτιού μου, τα 'χασα. Ήθελε να φύγει, να γίνει μοναχός, να αφοσιωθεί σε αυτά που ονειρευόταν από πάντα να κάνει. Είχε ήδη βρει ένα μικρό μοναστήρι, χαμένο στα βουνά και τη φύση, με ανθρώπους που του ταίριαζαν και πίστευε ότι θα τον βοηθούσαν να αφιερωθεί στον Θεό και την αποστολή του.

Ένα κύμα αγανάκτησης, αδικίας και θυμού ξεχύθηκε από μέσα μου. Φώναξα, έβρισα, έκλαψα, παρακάλεσα, απείλησα, ικέτευσα... Μια πόρτα που έκλεισε απαλά πίσω μου και ένας απίστευτος σπαραγμός ήταν ό,τι κέρδισα από εκείνη τη σύντομη, σχεδόν φευγαλέα συνάντηση. Το ίδιο εκείνο βράδυ μέθυσα για πρώτη φορά, σε ένα από τα πολλά μπαρ της Αθήνας, έκανα σεξ για πρώτη φορά με έναν από τους επίδοξους γαμπρούς της παρέας και τσάκισα την καρδιά μου με έναν πρωτόγνωρο και βίαιο για μένα τρόπο.

Ο Αλέξανδρος είναι ο πρώτος έρωτας της Ρόζας. Στα μάτια της είναι κάποιος πολύ αξιόλογος άνθρωπος που μένοντας δίπλα του "δανείζεται" σπουδαιότητα. Το να είναι αρεστή σε έναν τέτοιον άντρα νομίζει ότι της δίνει καταξίωση.

Ο Αλέξανδρος είναι ξεκάθαρος μαζί της όσο το επιτρέπουν η ηλικία και η συναισθηματική του ωριμότητα. Της μιλάει για τον εαυτό του, της δείχνει έμπρακτα τα θέλω του. Εκείνη μπαίνει στη λογική του –φαινομενικά τουλάχιστον– δέχεται να συμπλεύσει με τις επιθυμίες του, ώσπου να ανατρέψει κάτι που ούτε στον εαυτό της ομολογεί καθαρά.

Η Ρόζα τον βάζει σε βάθρο γιατί έτσι έμαθε να λειτουργεί. Είναι άπειρη ακόμα και αυτό της δίνει μια πρόσθετη ελαφράδα και αισιοδοξία. Εύκολα "ψαρώνει" από το μέγεθος της προσωπικότητάς του και ευκολότερα κολακεύεται, όταν εκείνος κάνει παρέα μαζί της. Κάποια στιγμή νομίζει ότι μπορεί κάτι να νιώθει κι αυτός, και τότε αγγίζει το σημείο που η συγκίνηση και η επιθυμία της φτάνουν στο μάξιμουμ. Γαντζώνεται από τρελές ελπίδες, ενώ ο ίδιος δε δίνει ουσιαστικά καμιά βοηθητική πάσα, κανένα ενθαρρυντικό σινιάλο. Ανταγωνίζεται την πίστη του και θυμώνει με την αφοσίωσή του σ' αυτήν. Προσπαθεί να στρέψει το ενδιαφέρον και το βλέμμα του σε άλλα πεδία, όπου νομίζει ότι μπορεί να τον σαγηνεύσει και να τον κατακτήσει. Γίνεται όμορφη για χάρη του, κινητοποιείται ακτιβιστικά **για χάρη του**. Ό,τι κάνει είναι για χάρη του. Γιατί τον έχει **ανάγκη** να τη θέλει, γιατί τον έχει **ανάγκη** να τη βαφτίσει σημαντική και σπουδαία.

Κάποια στιγμή αναγκάζεται να αντιμετωπίσει τελεσίδικα το γεγονός ότι ο Αλέξανδρος δε θέλει κανενός είδους ερωτική ζωή, ούτε μαζί της ούτε με καμιά άλλη. Το νιώθει σαν προδοσία, σαν απόρριψη, σαν επαλήθευση της ασημαντότητάς της, ενώ τώρα είναι η στιγμή να συνειδητοποιήσει ότι "ουκ αν λάβης παρά του μη έχοντος". Εκείνη θυμώνει με όλους και με όλα, νιώθει αποτυχημένη, ανάξια. Η ζωή της αποχρωματίζεται, στερείται γεύσεων και χρωμάτων. Ο καιρός που περνάει της δίνει πίστη στις ικανότητές της, αλλά δεν ανεβάζει την αίσθηση αξίας της. Πάλι κάποιον άλλο περιμένει να της δείξει. Ας αφήσουμε όμως την ίδια να συνεχίσει...

Τον Στέφανο τον γνώρισα σε μια διάλεξη για τις ανθρώπινες σχέσεις και την επικοινωνία. Ήταν ένας ομιλητής που πραγματικά καθήλωνε, ήταν όμως κι ένας άντρας δυναμικός, αφάνταστα γοητευτικός και αρρενωπός που αργότερα με συνεπήρε και με μάγεψε. Σχεδόν από την αρχή μου ξεκαθάρισε ότι ήταν παντρεμένος, χωρίς παιδιά και δε σκόπευε να χωρίσει γιατί αγαπούσε τη γυναίκα του. Όμως η έλξη του, λέει, για μένα ήταν πολύ ισχυρή για να την αρνηθεί, γι' αυτό ήθελε να αφήσει ελεύθερο τον εαυτό του να τη ζήσει, να παρασυρθεί ως τον απόλυτο έρωτα, τη χωρίς όρια ταύτιση του είναι μας!!!

Τα λόγια κι η ορμή των συναισθημάτων του με συνεπήραν. Με έκαναν να νιώθω μοναδική, ξεχωριστή, ιδιαίτερη. Αυτός ο άντρας πίστευα ότι άξιζε κάθε ρίσκο. Μαζί του για πρώτη φορά ανακάλυψα ουσιαστικά τον έρωτα και μάλιστα με τον πιο υπέροχο τρόπο. Ένιωθα να γίνομαι πραγματική γυναίκα, θηλυκή, αισθησιακή, ερωτική, ευτυχισμένη και γεμάτη. Εγώ του χάριζα ζωντάνια, τρυφερότητα, ενέργεια, έρωτα, όχι η γυναίκα του. Εγώ του χάριζα μια ερωτική ζωή γεμάτη πάθος και φαντασία, όχι η γυναίκα του. Γιατί λοιπόν να μη νιώθω υπέροχα;

Ο Στέφανος συνέχισε για χρόνια να είναι το ίδιο γλυκός, το ίδιο σέξι, το ίδιο σταθερός στη διπλή ζωή του. Κάπου κάπου βάραινε από ενοχές και ήθελε να με αφήσει να βρω την τύχη και τη ζωή που μου άξιζε, όμως αρνιόμουν ακόμη και να τον ακούσω. Ύστερα ξαναλέγαμε πόσο σημαντική είναι η σχέση μας, δυσεύρετη και μοναδική, αγκαλιαζόμασταν με πάθος και η ζωή κυλούσε φαινομενικά ασυννέφιαστη.

Συνέχιζα να νιώθω προνομιούχα που είχα έναν τόσο αξιόλογο σύντροφο, και περήφανη που δημιούργησα μια τόσο έντονη και ουσιαστική σχέση. Όσοι με κατέκριναν ή διαφωνούσαν με την επιλογή μου περνούσαν στη μαύρη λίστα μου. Θεωρούσα ότι δεν καταλαβαίνουν, ότι δεν είναι ικανοί να νιώσουν και να αξιολογήσουν όσα ζούσα και απολάμβανα. Οι στιγμές μοναξιάς ήταν για μένα το αντίτιμο των όσο όμορφων πραγμάτων είχα κερδίσει. Δεν μπορούσα σε κανένα να ομολογήσω τις μύχιες σκέψεις μου και επιθυμίες, ότι μια μέρα θα γινόταν ο Στέφανος δικός μου, μόνο δικός μου.

Πέντε χρόνια πέρασαν έτσι, όταν ήρθε μια επαγγελματική πρόταση να ταράξει τη ζωή μας. Μια πρόταση με πολύ περισσότερα χρήματα και ευοίωνες προοπτικές. Όσο όμως ριχνόμουν στη δουλειά δυναμικά, με κέφι και με όρεξη, τόσο η φτώχεια της προσωπικής μου ζωής φαινόταν καθαρότερα. Ο Στέφανος δυσκολευόταν να βρει ελεύθερο χρόνο, όταν εγώ είχα λίγο δικό μου. Η απουσία του άρχισε να γίνεται έντονα αισθητή, η έλλειψή του να μου δημιουργεί απογοήτευση και στέρηση. Γινόταν πλέον καθαρό ότι ένα μεγάλο μέρος της "μοναδικότητας" της σχέσης μας στηριζόταν στο δικό μου ελεύθερο χρόνο, στη δική μου αποκλειστική διαθεσιμότητα και όχι σε κάποια ποιότητα συναισθημάτων.

Οι απόψεις του άρχιζαν σιγά σιγά να φαντάζουν λιγότερο σοβαρές. Ήταν σαν ένα μαγικό χέρι να σήκωνε από τα μάτια το ροζ πέπλο που φίλτραρε τη ζωή μου. Τότε άρχισα να λυπάμαι τον εαυτό μου, να κλαίω για όσα στερήθηκα, όσα δε γεύτηκα: τη συντροφικότητα, το μοίρασμα της καθημερινότητας, των χιλιάδων στιγμών και γεγονότων που ενώνουν ένα ζευγάρι στην κοινή ζωή του.

Πώς ήταν δυνατόν να αγαπάει τη γυναίκα του και να την κοροϊδεύει τόσα χρόνια; Πώς ήταν δυνατόν να αγαπάει εμένα και να μου δίνει τόσο λίγα και τόσο ασήμαντα τελικά; Ήθελα πια να ξυπνήσω το πρωί και να χαμογελάσω στο δικό μου άνθρωπο, ήθελα να τον πιάσω από το χέρι σε μια μεγάλη βόλτα στο κέντρο της Αθήνας, να τσακωθώ μαζί του, να βαρεθώ μαζί του, να ξεχαστώ μαζί του.

Ο χωρισμός ήρθε επώδυνα και αναπόφευκτα για να επισφραγίσει πέντε χρόνια στέρησης, πέντε χρόνια ψευδαισθήσεων, πέντε χρόνια συναισθηματικής φτώχειας.

Ο καιρός που πέρασε, έδωσε στη Ρόζα αυτοπεποίθηση, αλλά δεν ανέβασε την υποκειμενική της αίσθηση για την αξία της. Πάλι κάποιον άλλο τρόπο περιμένει να νιώσει σπουδαία και τον βρίσκει στο πρόσωπο του επόμενου συντρόφου της.

Ο Στέφανος συγκεντρώνει το θαυμασμό και το δέος της. Τον θεωρεί σπουδαίο και ανώτερό της. Τον θαυμάζει. Δέχεται τα ψίχουλα που της δίνει θεωρώντας τα ψήγματα χρυσού. Νιώθει ξανά σπουδαία έχοντας το ενδιαφέρον ενός "τέτοιου άντρα". Λέει ακόμη ότι **αυτός** την έκανε να νιώσει γυναίκα (λες και πριν ήταν ούφο, εξωγήινη), χαρίζοντάς του έτσι **και** το προνόμιο της γέννησης της θηλυκότητάς της.

Ο Στέφανος είναι εγωιστής, το λέει και το δείχνει. Μονά ζυγά είναι δικά του μόνο που τα βαφτίζει αλλιώς (π.χ. μοναδική σχέση). Αφήνει τον εαυτό του να φανεί όσο ερωτικός γίνεται με τη Ρόζα γιατί ξέρει ότι έχει δικλείδα ασφαλείας: το γάμο του. Δεν αμφισβητεί την ύπαρξη ούτε τη σταθερότητά του, άρα μπορεί **εκ του ασφαλούς** να το "παίξει" ή και να νιώσει όσο ρομαντικός και παθιάρης θέλει.

Η Ρόζα τον θαυμάζει, τον βάζει σε βάθρο ως άνθρωπο και ως άντρα. Μπαίνει στη λογική του "είμαστε ξεχωριστοί και ζούμε κάτι μοναδικό". Νιώθει καταξίωση με το άλλοθι της μοναδικότητας. Νιώθει επιθυμητή και σπουδαία. **Αυτός** της χαρίζει αναγνώριση ως γυναίκα και ως σύντροφο.

Ο Στέφανος θέτει τα όριά του από την αρχή. Θέλει και μπορεί να προχωρήσει με τη Ρόζα ως ένα σημείο. Της δίνει ένα ρόλο πολύ συγκεκριμένο στη ζωή του, αυτόν του πάθους, της έντασης, της αδρεναλίνης. Είναι όσο θέλει παράφορος και δοτικός, αφού ξέρει ότι έχει όριο που δε σκοπεύει ποτέ να υπερβεί.

Λέει ότι αγαπάει τη γυναίκα του, αλλά στο βάθος την υποτιμάει και την αφήνει στο σκοτάδι για σημαντικά θέματα της ζωής του, όπως μια παράλληλη σχέση που διαρκεί χρόνια και υποτίθεται ότι διεκδικεί σημαντικό μέρος των συναισθημάτων του.

Στην ουσία ο Στέφανος δε νοιάζεται παρά μόνο για τον εαυτό του, με τρόπο όμως εγωιστικό και απόλυτο.

Δίνει όταν κι όσο χρειάζεται στις δύο γυναίκες για να πάρει το δεκαπλάσιο. Κρατάει ισορροπίες με ψέματα, με φτηνές δικαιολογίες και με δήθεν εφετζίδικες, θεαματικές κινήσεις. Πετάει το μικρό δόλωμα για να έχει το μεγάλο ψάρι.

Κάποιες φορές, πάλι εκ του ασφαλούς, ο Στέφανος δείχνεται "μεγαλόψυχος" μιλώντας για χωρισμό. Αν η Ρόζα δεχόταν να χωρίσουν, τότε πιθανόν θα έκανε τα αδύνατα δυνατά για να την ξαναφέρει πίσω είτε προκαλώντας τον οίκτο της, είτε με συναισθηματικό εκβιασμό, είτε με απειλές είτε με παροχές ελπίδων.

Η Ρόζα αργεί να εισπράξει το κενό της ερωτικής συναισθηματικής ζωής της. Αργεί να καταλάβει και να δεχτεί ότι αγαπήθηκε ενμέρει, υπό όρους, αργεί να νιώσει την έλλειψη αφοσίωσης του Στέφανου. Όσο σημαντική και μοναδική ένιωθε μέσα από τα μάτια του, τόσο μικρή και άχρωμη ένιωσε, όταν ήρθε η στιγμή που κατάλαβε ότι ουδέποτε θα γινόταν πρωταγωνίστρια στη ζωή του. Η γυναίκα του υπήρχε, θλιβερό, αλλά πρωτεύον αξεσουάρ της ζωής του, σε αδιαμφισβήτητη θέση.

Ένας άντρας παντρεμένος που δε νιώθει ούτε ερωτικά ούτε ευτυχισμένα στο γάμο του και έχει την εντιμότητα και την ειλικρίνεια να το παραδεχτεί, έχει και το θάρρος να τον τελειώσει σε ένα εύλογο χρονικό διάστημα. Αλλιώς βολεύεται, δεν παίρνει ευθύνες και δε δίνεται συναισθηματικά επί της ουσίας πουθενά.

Αν η Ρόζα υπολόγιζε περισσότερο τον εαυτό της, η συμπεριφορά των διάφορων παθιασμένων εραστών του γλυκού νερού θα έπεφτε στο κενό. Όμως η Ρόζα δεν έδωσε ποτέ στον εαυτό της αξία. Πάντα κάποιο συναισθηματικά τσιγκούνη έβρισκε και πάντα εκείνη προσπαθούσε να τον κάνει πλούσιο! Είναι δε έτοιμη να δεχτεί πολλές εκπτώσεις για να το πετύχει. Ακόμη και τις "λαϊκές απογευματινές" του Στέφανου, ακόμη και την ουσιαστική απουσία του από τη ζωή της.

Η Ρόζα εισπράττει λίγα και τελικά το καταλαβαίνει. Οι ελλείψεις στη ζωή της μεγαλώνουν και κάποια στιγμή γίνονται χείμαρρος που την πνίγει.

Πολλές γυναίκες μπορεί να αφιερώσουν ολόκληρη ζωή σε μια τέτοια σχέση και να βρεθούν στα σαράντα, στα πενήντα ή τα εξήντα τους να κάνουν τον απολογισμό και να βρίσκονται αντιμέτωπες με τις ελλείψεις και τις ανικανοποίητες επιθυμίες μιας ζωής. Κάτι που τους κάνει να συνεχίζουν τη μίζερη σχέση, να κλείνουν τα μάτια στη συναισθηματική φτώχεια και να βολεύονται, ξορκίζοντας έτσι το φόβο να την παραδεχτούν και να την αλλάξουν.

Ένα τυχαίο γεγονός, η αλλαγή δουλειάς, ανοίγει τα μάτια της Ρόζας και φωτίζει τη συναισθηματική γύμνια της σχέσης καθαρά και χωρίς υπεκφυγές. Και τι κάνει; Περιμένει τον επόμενο "δύσκολο" άντρα.

Ένα βράδυ ήρθε στην παρέα της δουλειάς ο ξάδελφος μιας συναδέλφου. Ήταν μαζεμένος, λιγόλογος και παρατηρούσε με προσοχή ό,τι γινόταν γύρω του. Κάτι μου έκανε κλικ αμέσως. Κάτι μου είπε μέσα μου ότι αυτός ο άντρας θα αποτελούσε μια πολύ ενδιαφέρουσα περίπτωση.

Αποφάσισα να πάρω εγώ τα ηνία στα χέρια μου γιατί ο Δημήτρης παραήταν ντροπαλός και μαζεμένος. Τον πλησίασα λοιπόν πρώτη, του ζήτησα το τηλέφωνό του, ούτε θυμάμαι με τι πρόσχημα, και άρχισα να τον πολιορκώ. Δεν αντέδρασε αρνητικά. Στην αρχή ήταν πιο κουμπωμένος και μαζεμένος, αλλά δειλά δειλά, τηλέφωνο στο τηλέφωνο, άρχισε να ανοίγεται. Έτσι έμαθα ότι εδώ και ένα χρόνο είχε χωρίσει μετά από τρίχρονη σχέση όπου είχε ταλαιπωρηθεί και πληγωθεί πάρα πολύ. Όπως μου εξομολογήθηκε, η κοπέλα του φέρθηκε πρόστυχα. Τον κορόιδεψε και τον μείωσε ως άντρα και ως άνθρωπο.

Όταν μου είπε ότι εγώ μοιάζω αλλιώτικη, πέταξα στα ουράνια και από την άλλη μέρα βάλθηκα να του αποδείξω πόσο τρυφερή και μοναδική μπορώ να είμαι. Και ήρθε η στιγμή που ο Δημήτρης μου ζήτησε να τον αγαπήσω στα αλήθεια, να του ορκιστώ πίστη και αφοσίωση και να μη διανοηθώ να τον κοροϊδέψω ποτέ, γιατί... θα με σκότωνε. Σε κάθε θυμωμένη κουβέντα του, εγώ αντιπαρέθετα μια ήρεμη δική μου και σε κάθε παραλογισμό του, απέραντη κατανόηση. Αλίμονο όμως, όσο πιο στοργική, ανεκτική και υποχωρητική γινόμουν εγώ, τόσο πιο δύσθυμος, κακότροπος και απαιτητικός γινόταν ο Δημήτρης. Όσο προσπαθούσα να τον γιατρέψω από τις πληγές του, τόσο αυτός για ανταπόδοση μου έδινε σαρκασμό και δυσπιστία. Δεν μπορούσα να καταλάβω πώς και γιατί αντιστεκόταν στην αγάπη, γιατί αυτός ο άνθρωπος δεν ήθελε να μου παραδοθεί.

Η τελική παράδοσή του έγινε εφτά μήνες αργότερα. Δεν ξέρω αν ο θάνατος του πατέρα του ήταν η αιτία για το μαλάκωμά του, όμως ο Δημήτρης γλύκανε και ηρέμησε. Όχι ότι δε μου άρεσε, αλλά με παραξένεψε. Ο Δημήτρης έπεφτε σιγά σιγά σε ένα είδος νιρβάνα που τον έκανε όμως άνευρο, μαλθακό, κάτι σαν ζόμπι. Άρχισα να προβληματίζομαι: εγώ αρμένιζα στραβά ή ο γιαλός ήταν στραβός; Ό,τι και να ήταν, ήξερα ότι είχα αρχίσει να εκνευρίζομαι και να χάνω την υπομονή μου. Τι να τα κάνω τα μεγάλα λόγια του για αιώνιες αγάπες, παντρειές, οικογένεια και παιδιά; Πώς θα τα κάναμε όλα αυτά, όταν δεν είχε το κουράγιο, την ενέργεια –δεν ξέρω πώς να το εκφράσω– για να κάνει τα απλά, τα καθημερινά;

Ο Δημήτρης στενοχωριόταν, όταν του τα έψελνα και με έλεγε άδικη γιατί αυτός απολάμβανε απλώς τη "φάση μας". Στο μέλλον όλα θα γίνονταν σιγά σιγά.

Δέκα μήνες από τη ζωή μου χρειάστηκαν για να γκρεμίσω αυτόν τον τοίχο που ο Δημήτρης είχε χτίσει γύρω του και που ήθελε πάση θυσία να περιφρουρήσει. Και τώρα που τα κατάφερα, πώς το απολάμβανα; Με πλήξη, ανία και βαρεμάρα; Έτσι ξενέρωτα, έτσι επίπεδα, έτσι συνταξιουχικά; Έτσι θα ζούσα από δω και πέρα;

Αποφάσισα και μίλησα αμέσως στον Δημήτρη, ο οποίος ουδόλως αντέδρασε. Κούνησε απλώς το κεφάλι του σαν να περίμενε κάθε άσχημη συμπεριφορά από το πλάσμα που λέγεται γυναίκα, και σαν να επιβεβαίωνε την αρνητική του άποψη για τις σχέσεις, τη ζωή και τον έρωτα. Όταν έκλεισα πίσω μου την πόρτα, ήταν σαν να την έκλεινα στο σκοτάδι, στο κρύο, στη μεμψιμοιρία, στη βαρεμάρα και τις παντόφλες!!!

Δημήτρης: δείχνει, παρουσιάζεται πληγωμένος, κλειστός, εσωστρεφής.

Ο Δημήτρης είναι άλλος ένας άντρας που αντιμετωπίζει τη γυναίκα με συναισθηματική απόσταση, που κάνει μανιέρα τον πόνο του. Δυσκολεύεται στις ανθρώπινες σχέσεις, είναι δύσπιστος, είναι σκληρός στην κριτική και τη ματιά του. Διατυμπανίζει το πρόβλημά του και το κάνει καθοριστικό παράγοντα στις σχέσεις του. Αρνείται να δεθεί, ζητάει εχέγγυα, περνάει από τεστ τη Ρόζα. Αυτή τσιμπάει το δόλωμα για να του αποδείξει ότι μαζί της όλα μπορούν να είναι διαφορετικά.

Και θα μπορούσαν να είναι, αν έφτιαχναν άλλου είδους σχέση, αν ήθελαν **και οι δύο** να στηριχτούν στην αγάπη, στην αποδοχή, στην εμπιστοσύνη και όχι στη δυσπιστία και την καχυποψία.

Από τη στιγμή που κάποιος παίζει τον Θεό και εμείς δοκιμαζόμαστε στους άθλους, κάνουμε ήδη στραβή αρχή. Ο τρόπος που λειτουργεί μια τέτοια σχέση είναι αυτός των εξετάσεων: Γίνομαι εξεταστής (Δημήτρης) και προκαλώ τον άλλο (Ρόζα) να μου αποδείξει ότι αξίζει το βαθμό του. Το ενδιαφέρον της Ρόζας κεντρίζεται. Αν αυτή πετύχει, τότε σημαίνει ότι είναι σπουδαία. Αν αυτή τον γιατρέψει, τότε σημαίνει ότι μετράει ακόμη περισσότερο από την πρώην.

Η Ρόζα βάζει τα δυνατά της και με τη βοήθεια κάποιων εξωτερικών γεγονότων καταφέρνει να πάρει υψηλό βαθμό και να κατακτήσει τον εξεταστή. Όμως η κατάκτηση είναι σχεδόν πάντα πύρρειος νίκη. Η Ρόζα σιγά σιγά χάνει το ενδιαφέρον της. Αρχίζει να βλέπει τον Δημήτρη πληκτικό και συνηθισμένο και τη ζωή της βαρετή και ανιαρή. Είναι σαν να μην μπορεί να πιστέψει ότι μπορεί να γίνει ευτυχισμένη, ότι όλα μπορούν να κυλήσουν ομαλά, ότι κάποιος τη θέλει και την αγαπάει χωρίς όρους, δυσκολίες και εμπόδια. Νιώθει όπως ο τερματοφύλακας πριν το πέναλτι. Και αποφασίζει να εκμηδενίσει τον παίκτη που θα το σουτάρει.

Αν μπορούσαμε να καταγράψουμε τις αδημιούργητες σκέψεις της που ούτε καν έχουν σχήμα, θα γράφαμε: δεν αξίζει ο Δημήτρης, γιατί πώς είναι δυνατόν να με θέλει κάποιος και να είναι ταυτόχρονα σπουδαίος; Όσο με τυραννούσε και το έπαιζε εξουσία, το καταλάβαινα. Γιατί ποια είμαι εγώ; Ένα μυρμηγκάκι μικρό και ασήμαντο... Άρα αυτό που μου αξίζει είναι ελάχιστο ενδιαφέρον και αγάπη. Αν λοιπόν κάποιος με θέλει πολύ και με αγαπάει, τότε μάλλον αυτός είναι ασήμαντος, άχρηστος και ανάξιος λόγου!

Επειδή όμως θα αρκεστούμε σε όσα η ίδια **ξέρει**, **νιώθει** και **σκέφτεται**, θα λέγαμε ότι η ίδια νομίζει πως ο Δημήτρης άλλαξε. Ο συναισθηματικά τσιγκούνης ή "πονεμένο στρείδι", τώρα άνοιξε και αντί για πλούσιος και δοτικός, αποκαλύπτεται συνηθισμένος και βαρετός, και φυσικά δεν παρουσιάζει πια κανένα ενδιαφέρον. Το να τη θέλει ένας ανιαρός –διαθέσιμος θα λέγαμε εμείς– άντρας δεν έχει να της προσφέρει τίποτα.

Ο στόχος που κατακτήθηκε μοιάζει ασήμαντος, μιας και... κατακτήθηκε. Νιώθει απογοήτευση, νιώθει θυμό, νιώθει ότι ξεγελάστηκε.

Η Ρόζα μετά τον Δημήτρη αποφάσισε να μας επισκεφτεί και να ασχοληθεί με τον εαυτό της. Έπαψε να λέει ότι είναι άτυχη και θέλησε να βρει τι ήταν αυτό που της στερούσε την ερωτική ευτυχία, πώς λειτουργούσε στις σχέσεις της και πώς θα αντιμετώπιζε την έλλειψη ικανοποίησης και τη μοναξιά.

Η Φανή είναι μια νεότερη της Ρόζας κοπέλα, φοιτήτρια σε μεταπτυχιακές σπουδές. Μεγάλωσε στην Αθήνα σε ένα περιβάλλον κλειστό και συντηρητικό. Η οικογένειά της πίστευε στην τιμωρία και όχι στην ενθάρρυνση, στην επίκριση και όχι στην ενδυνάμωση. Έχει ελάχιστη συναίσθηση της αξίας της και μεγάλη ανάγκη να θαυμάσει τους άλλους. Ας ακούσουμε την αφήγηση της δικής της ερωτικής πορείας.

Ο Σάββας ήταν ανοιχτός, διαθέσιμος, κοινωνικός, γελαστός, του άρεσε το καλό φαγητό, το ποτό, και οι γυναίκες. Μοναδική του αδυναμία η καριέρα του που της αφιέρωνε το μυαλό, όπως ομολόγησε γελώντας ένοχα, το χρόνο και τη ζωή του. Η δουλειά του ήταν, λέει, η αδιαφιλονίκητη ερωμένη του, σταθερή και πιστή. Τον αντάμειβε δε πλουσιοπάροχα, του έδινε πολλές χαρές για ό,τι του ζητούσε, δεν τον πρόδιδε ποτέ και τον προκαλούσε πάντα να γίνεται καλύτερος και να ανεβαίνει ψηλότερα.

Παρ' όλα αυτά, ισχυριζόταν, υπήρχε άδειος χώρος στη ζωή του και ας ήταν λίγος. Γι' αυτό έψαχνε κάτι νέο, μια νέα αγαπημένη. Σκοπός του ήταν να της δώσει την καρδιά του και αυτή να μείνει στη ζωή του για να την ομορφύνει και να της χαρίσει νέα πνοή και δροσιά, συνήθιζε να λέει γελώντας.

Όταν με ρώτησε σοβαρά αν θα μπορούσα να αντέξω την τρελή δουλειά του, γέλασα από χαρά. Ας ήταν αυτό όλο κι όλο το πρόβλημα! Έτσι άρχισα σιγά σιγά, χωρίς να το απαιτώ ή να τον πιέζω, να οργανώνω την κοινή μας ζωή.

Τίποτα όμως δεν έπιασε τόπο. Ο Σάββας ήταν στον κόσμο του. Παρ' όλα αυτά, δεν αποθαρρυνόμουν. Είχα βάλει πείσμα να τον καταφέρω να χαλαρώσει και να αφεθεί, και δε σκόπευα να αποτύχω.

Την πρώτη φορά που ακύρωσε μια κοινή μας έξοδο (είχαμε πει να γιορτάσουμε τον ένα μήνα γνωριμίας μας), μου έστειλε λουλούδια με μια τρυφερή καρτούλα για συγνώμη. Όταν δύο μέρες μετά κατάφερε να ξεκλέψει χρόνο για μας, ήρθε χαρούμενος και κουρασμένος με ένα μπουκάλι καλό κρασί, για να κοιμάται μία ώρα μετά αγγελικά στην αγκαλιά μου!!!

Ένα άλλο βράδυ στο σπίτι μου, ο Σάββας ήρθε καθυστερημένος, αγχωμένος και κουρασμένος. Όταν θελήσαμε να κάνουμε έρωτα, δεν είχε στύση· αυτό του χάλασε εντελώς τη διάθεση και παρά τα τρυφερά, καθησυχαστικά μου λόγια, αγχώθηκε ακόμη περισσότερο, είχε να ξυπνήσει και νωρίς το πρωί, και έτσι αποφάσισε να φύγει για το σπίτι του, αφήνοντάς με μόνη και προβληματισμένη.

Ο επόμενος καιρός περιελάμβανε κι άλλες ακυρώσεις εξόδων, μοναξιά, αναμονή, άγχος, κυνήγι με το χρόνο. Ανάμεσα στα σενάρια καταστροφής υπήρχαν κάποιες όμορφες, ήσυχες ανάσες όπου μιλώντας ειλικρινά οι δυο μας, του εξέφραζα τις σκέψεις μου και του μιλούσα ανοιχτά για τη συναισθηματική στέρηση που ένιωθα δίπλα του. Κι αυτός, πρόθυμος και γλυκός, μου υπενθύμιζε ότι όχι μόνο ήξερα από την αρχή πόσο απαιτητική και σημαντική γι' αυτόν ήταν η δουλειά του, αλλά και ότι το είχα αποδεχτεί. Μου θύμιζε πάντα ότι αυτός ούτε θέλησε ούτε σκόπευε ποτέ να μεταλλαχτεί σε ένα συνηθισμένο "φύτουλα" του οκτάωρου.

Ενάμισης χρόνος χρειάστηκε για να βεβαιωθώ ότι ο Σάββας δεν ήθελε, δεν μπορούσε τελικά να έχει χώρο στην καρδιά και τη ζωή του για μένα. Η δουλειά του δεν ήταν απλώς βιοπορισμός, δημιουργία και ευχαρίστηση. Ήταν ανάγκη για αναγνώριση, για προσωπική καταξίωση, για ισορροπία. Ήταν κάτι σαν το ποτό για τον αλκοολικό.

Ο Σάββας έχει όλες τις προδιαγραφές για να αρέσει στη Φανή. Χαίρει εκτίμησης, είναι "ψαρωτικός" και γεμάτος αυτοπεποίθηση. Της μιλάει από την αρχή για την "ανταγωνίστριά" της, τη δουλειά του, και η Φανή καταπίνει το δόλωμα και το αγκίστρι μαζί.

Ο Σάββας κυριαρχείται από τη δουλειά του. Αυτή είναι ο δικός του μετρητής προσωπικής αξίας και **έτσι θέλει να είναι**. Είναι ξεκάθαρος και ευθύς από την αρχή, δε θέλει, δε σκοπεύει να ανταλλάξει συναισθήματα. Έχει μόνο ένα μικρό χώρο στον προσωπικό τομέα και αυτόν διαθέτει και παραχωρεί. Δεν έχει πραγματική ανάγκη για ουσιαστική ανθρώπινη επαφή γιατί την καλύπτει από την ευχαρίστηση και την επιτυχία στη δουλειά του.

Οι άντρες αυτής της κοινωνίας σαν τον Σάββα ομολογούν πολλές φορές από την αρχή τη μικρή διαθεσιμότητα για σχέση. Άλλοι, ακόμη κι αν η επιθυμία τους είναι μεγαλύτερη από το χρόνο τους, σε πολύ μικρό διάστημα αφήνουν να φανεί τι είναι διατεθειμένοι να κάνουν στ' αλήθεια. Σημασία έχει **τι κάνουν στην πράξη**. Και όταν αυτά που δίνουν είναι μικρά, σκόρπια κέρματα, πώς να πείσουν για το αντίθετο, για τις αγαθές προθέσεις τους; Μόνο με το να κουμπώσουν με κάποια σαν τη Φανή που πεινασμένη συναισθηματικά δέχεται και τα λίγα, με κάποια γυναίκα που νομίζει ότι αξίζει ελάχιστα, τόσο όσο να δέχεται αποφόρια και υπολείμματα.

Όμως ακόμη και μια τέτοια γυναίκα που δεν έχει καταλάβει πόσο και τι αξίζει, φτάνει σε ένα σημείο που εισπράττοντας όλη τη στέρηση επαναστατεί, γιατί "αδειάζει". Η αναμέτρηση με το χρόνο και τη δουλειά του παύει να προσφέρει πια ευχαρίστηση, η νίκη φαίνεται δύσκολη και η πλάστιγγα γέρνει προς τη στέρηση και την πείνα.

Μετά το χωρισμό μου από τον Σάββα, είχα μεγάλη υποστήριξη από το φίλο μου τον Τόνι. Ο Τόνι είναι γκέι με ξεκάθαρες επιθυμίες και επιλογές. Μερόνυχτα μου μιλούσε, ώρες ατελείωτες με κρατούσε στην αγκαλιά του ψιθυρίζοντάς μου λόγια τρυφερά, λόγια στοργής και υποστήριξης. Και εγώ καταριόμουν την κακοδαιμονία μου και του ορκιζόμουν ότι την επόμενη φορά θα έβρισκα το σωστό άντρα, ότι θα διεκδικούσα την ευτυχία μου και τη ζωή μου δυναμικά. Θα έψαχνα έναν τρυφερό σύντροφο που να ξέρει να αγαπά και να δίνει αποδοχή και υποστήριξη, που να είναι εραστής και φίλος, γλυκός και δοτικός.

Ούτε εγώ κατάλαβα ποια στιγμή έγινε το κλικ μέσα μου. Αυτός ήταν ο σωστός για μένα, ο πιστός καλός μου φίλος. Ο Τόνι, που δε φοβάται να νιώσει αγάπη και να τη δώσει απλόχερα και αρχοντικά. Τι διαπίστωση γλυκιά, αλλά και πικρή συγχρόνως!!!

Από την άλλη μέρα, άρχισα να ψάχνω κάθε εγχειρίδιο που θα με βοηθούσε να καταλάβω σε βάθος τη φύση της ομοφυλοφιλίας, τις αιτίες της, αλλά και ενδεχόμενες πιθανότητες μετατροπής της σε ετεροφυλοφιλία. Άρχισα να συχνάζω σε γκέι μπαρ, να παρατηρώ τους ανθρώπους γύρω μου και να μελετώ σε βάθος την επιχείρηση "κατάκτηση του Τόνι".

Ο Τόνι είναι από μεσοαστική, καθωσπρέπει οικογένεια, μοναχοπαίδι, δεμένος πολύ με τη μητέρα του. Ο πατέρας του τους εγκατέλειψε, όταν ο Τόνι ήταν δέκα χρόνων και έκτοτε δεν τον ξαναείδε. Τον θυμόταν σαν έναν άνθρωπο αδιάφορο συναισθηματικά, κλεισμένο στον εαυτό του και τα βιβλία του.

Στις προσωπικές του σχέσεις, ο Τόνι ήταν αρκετά προβλέψιμος και στρωτός. Εδώ και έξι μήνες ήταν μόνος του, ψάχνοντας επίσης για το σωστό σύντροφο, και έτσι η καρδιά μου άρχισε να χτυπά στο δικό του ρυθμό. Σκεφτόμουν ότι πιθανόν η αγάπη μου να αλλάξει ακόμη και τη σεξουαλική προτίμηση του Τόνι!!!

Τώρα που μιλάω για εκείνη την περίοδο, έχω την αίσθηση ότι η προβολή της επιθυμίας μου πάνω στην πραγματικότητα είχε ξεπεράσει κάθε όριο αυθαιρεσίας και ασυδοσίας. Για να μη σας κουράσω όμως πολύ, θα σας πω ότι αποφάσισα να μιλήσω εγώ πρώτη στο φίλο μου τον Τόνι.

Δεν έχω ξεχάσει ούτε λεπτό ως σήμερα την έκφρασή του, όταν του έκανα ερωτική εξομολόγηση. Αλληλοσυγκρουόμενα συναισθήματα έκπληξης, χαράς, κολακείας, αλλά και θυμού και σαρκασμού και θυμηδίας διαδέχονταν το ένα το άλλο, αφήνοντάς τον σιωπηλό και αποσβολωμένο.

Όταν μπόρεσε να συνέλθει, μου μίλησε απλά και τρυφερά για τη συντροφικότητα, την αγάπη, τον έρωτα, το πάθος. Μου τόνισε ξανά πόσο σημαντική είμαι και πόσο δικαιούμαι σαν όλους τους ανθρώπους να με αγαπήσουν. Να με ερωτευτούν όπως μου αξίζει και όχι με ημίμετρα και συναισθήματα "περιορισμένης ευθύνης".

Έμεινα κουφή στα λόγια του και τυφλή στην κατανόησή του. Η δυστυχία με τσάκισε. Δεν άξιζα τίποτα κι ας προσπαθούσε ο Τόνι να μου γλυκάνει την πίκρα. Ήμουν ένα τίποτα, ένα ασήμαντο κοριτσόπουλο χωρίς καμιά αξιόλογη προσωπικότητα, χωρίς ιδιαίτερα χαρίσματα, ανίκανη να κάνω έναν άντρα να με ερωτευτεί.

Προσπάθησα ξανά και ξανά να βρω τι συνέβαινε στη ζωή μου και δεν μπορούσα να ευτυχήσω, να ισορροπήσω σε μια φυσιολογική σχέση όπως τόσοι άλλοι γύρω μου. Είχα κάποιου είδους κατάρα, κακοδαιμονία ή εγώ έκανα κάτι λάθος;

Ο Τόνι είναι ένας άντρας αρκετά ξεκάθαρος. Έχει κι αυτός τα δικά του φαντάσματα του παρελθόντος να ξορκίσει, τις δικές του πίκρες, στερήσεις και απώλειες να παλέψει. Ξέρει να είναι καλός φίλος, υποστηρικτικός και γλυκός. Ερωτικά ούτε αυτός έχει ισορροπήσει ακόμα, όμως η σεξουαλική του προτίμηση και κατεύθυνση είναι δεδομένες και αδιαμφισβήτητες.

Η Φανή αρνείται να δεχτεί τα γεγονότα και θέλει να ανατρέψει το προφανές, χωρίς να έχει κανένα δεδομένο προς αυτή την κατεύθυνση. Κάνει καινούργια όνειρα, καινούργια σχέδια. Βιώνει τη γνωστή ένταση της προσπάθειας για κατάκτηση, παραλογίζεται και φουντώνει με καινούργιες ελπίδες για ευτυχία και αγάπη.

Η στιγμή της αλήθειας καταγράφεται επώδυνα και για τους δυο τους. Παρ' όλα αυτά, ο Τόνι προσπαθεί με ηρεμία και αγάπη να της εξηγήσει τα συναισθήματά του και να την κάνει να τον καταλάβει προσέχοντας συνέχεια να μην τραυματίσει την επίφοβη και ευάλωτη ισορροπία της. Προσπαθεί να της περάσει το μήνυμα ότι αξίζει ό,τι καλύτερο και πως δικαιούται να το κερδίσει. Στο μπερδεμένο μυαλό της Φανής και την πληγωμένη καρδιά της, όλα αυτά ακούγονται ψεύτικα, κενά, χωρίς νόημα, σαν πρόχειρη παρηγοριά.

Στο βάθος η Φανή, όπως και η Ρόζα, φοβάται. Δεν το ξέρουν, δεν το συνειδητοποιούν ενδεχομένως, αλλά φοβούνται να δοθούν, φοβούνται να δεθούν, φοβούνται να αγαπήσουν. Η αγάπη έχει αποκάλυψη και έκθεση και οι κοπέλες φοβούνται να αποκαλυφθούν, να δειχτούν όπως είναι, ό,τι κι αν είναι. Φοβούνται ότι δε θα αρέσουν, φοβούνται ότι θα τις απορρίψουν, ότι θα φανεί η ασημαντότητα και η απαξία τους. Έτσι αποκλείουν την οικειότητα, το πλησίασμα που φέρνει κοντά στην αγάπη. Χωρίς και οι ίδιες να το καταλάβουν, μπλέκουν με άντρες που θα τις κρατήσουν σε απόσταση, που αποκλείουν κάθε δόσιμο καρδιάς, άντρες που προτιμούν επίσης την απόσταση γιατί νιώθουν ασφαλείς με αυτήν.

Από "θέση ισχύος" αφήνονται να ζήσουν με ένταση την υπόθεση "κατάκτηση", μιας και στο βάθος νιώθουν ότι δε θα πετύχει. Και αν κατά λάθος πετύχει, τότε το βάζουν στα πόδια βρίσκοντας χίλιες δυο δικαιολογίες.

Ο θηλυκός Οδυσσέας χωρίς Ιθάκη ρίχνει συχνά το φταίξιμο στο λάθος πρόσωπο και ψάχνει το σωστό, πάντα όμως με τον ίδιο φόβο και τον ίδιο τρόπο πορείας. Όσο ο φόβος δεσίματος, αγάπης και αφοσίωσης κυριαρχεί στη ζωή της, όσο ο φόβος αποκάλυψης της ασημαντότητάς της κυριαρχεί στις επιλογές της, τόσο στο τέλος η στέρηση, η κούραση και η μοναξιά θα είναι η μόνιμη συντροφιά της.

Κάθε γυναίκα δικαιούται και αξίζει να την αγαπούν, άσχημη ή όμορφη, μικρή ή μεγάλη, έξυπνη ή κουτή, πλούσια ή φτωχή...

Τίποτα, κανένα ελάττωμα, έλλειψη ή ανεπάρκεια, δε δικαιολογεί το χαμήλωμα του πήχη και την τροφή με συναισθηματικά ψίχουλα, ακόμη και εν ονόματι ενός υψηλού, δύσκολου στόχου.

Η αξία μας δε μετριέται με κατορθώματα, ικανότητες και επιτεύγματα. Υπάρχει μέσα μας από τη στιγμή της γέννησής μας και είναι ένα δώρο, που η αξιοποίησή του εξαρτάται από εμάς. **Εμείς** δίνουμε στους άλλους το μήνυμα της αποδοχής και εμείς τους μαθαίνουμε να μας υπολογίζουν και να μας εκτιμούν. Αυτή η αποδοχή της αξίας και η φιλία με τον εαυτό μας θα δώσουν το μήνυμα και την πρόσκληση για αγάπη.

Η Ρόζα και η Φανή αξίζουν όσο και όπως όλες μας. Αρκεί να στραφούν προς τον εαυτό τους με αγάπη και τρυφερότητα και να ξεκινήσουν μια σχέση αποδοχής μαζί του που όχι μόνο θα τους προσφέρει πολλά και για πάντα, αλλά θα τους επιτρέψει να κάνουν και καλύτερες σχέσεις, τέτοιες που να τους αξίζουν. Και τότε μπορεί να αρχίσουν στ' αλήθεια να ελπίζουν ότι θα βρουν αυτό που δικαιούνται και ψάχνουν, την αγάπη, τον έρωτα και την ευτυχία.

Δεύτερη παγίδα: Το σύνδρομο του "ψυχολόγου"

Η γυναίκα "ψυχολόγος" είναι συχνά ένας άνθρωπος ιδιαίτερα ευαίσθητος και καλοπροαίρετος. Σκέφτεται και ψάχνει τα γεγονότα και τους ανθρώπους με θετική ματιά και καλοσυνάτη διάθεση. Έχει ενδιαφέρον και αγάπη για τον άνθρωπο, όμως κάνει λάθος καταγραφές και νοιάζεται με λάθος τρόπο. Έλκεται από άντρες στους οποίους ανακαλύπτει μια κρυφή, αθέατη πλευρά, ποντάρει σε **αυτήν** και χάρη σε αυτήν τους ερωτεύεται και στη συνέχεια τους αναλαμβάνει. Βάζει τον εαυτό της στην υπηρεσία τους και αντικαθιστά τη συντροφικότητα με την εξυπηρέτηση. Αυτόν τον τρόπο έχει μάθει για να φτιάχνει σχέσεις, έτσι κουμπώνει μαζί τους.

Βλέπει πολύ καλά και καταλαβαίνει ποιος είναι ο απέναντί της. Όμως αρνείται να αποδεχτεί το προφανές. Άλλοτε τυχαία, άλλοτε ύστερα από ψάξιμο νιώθει περήφανη και σπουδαία που ανακαλύπτει **εκείνη μόνο** μια κρυφή πλευρά του άντρα, συχνά πιο γοητευτική κι ελκυστική, πιο τρυφερή, πιο θετική και ωραία απ' ό,τι φαίνεται και πάντα καλά κρυμμένη. **Εκείνη μόνο**, με την έρευνα και την ανακάλυψή της, πιστεύει ότι βγάζει στην επιφάνεια αυτό που πραγματικά είναι κι όχι ό,τι έβλεπαν οι άλλοι.

Πιστεύει ότι οι γύρω κάνουν λάθος, δεν ξέρουν καλά τα πράγματα, δεν τα έχουν ψάξει, δεν έχουν ενδιαφερθεί να δουν τα παραμέσα. Ενδεχόμενα έχουν αδικήσει αυτόν τον άντρα, τον έχουν υποτιμήσει ή τον έχουν παρεξηγήσει. **Αυτή** όμως κατάφερε και μπόρεσε να δει ό,τι οι υπόλοιποι δεν μπόρεσαν.

Η γυναίκα "ψυχολόγος" έλκεται από "μυστήριους" άντρες που αφήνουν ένα σύννεφο μύθου γύρω από το όνομά τους. Αν δεν είναι μύθος, είναι κάποια φήμη ή κάποια άλλη εικόνα, πολύ διαφορετική. Ξυπνάει συναισθηματικά, όταν βρίσκεται στην ανακάλυψη αυτής της κρυφής πλευράς. Γοητεύεται απ' αυτήν, πιστεύει σ' αυτήν, ποντάρει σ' αυτήν. Ανταποκρίνεται ζεστά, με αποφασιστικότητα κι ενθουσιώδη ορμή. Συνήθως η πλευρά αυτή την κεντρίζει για να εκφράσει τις δικές της ανάγκες.

Πριμοδοτεί αυτή τη δευτερεύουσα πλευρά που μπορεί να γνωρίσει τυχαία ή να ψάξει επί τούτω να βρει – αν έχει κίνητρο. Υποθέτει ότι αυτή είναι η αντιπροσωπευτική, αυτή που κατά κύριο λόγο τον εκφράζει. Κάνει την τρίχα τριχιά και πιάνεται απ' τη λεπτομέρεια για να στήσει αυθαίρετα ένα ολόκληρο σενάριο.

Ακόμη όμως κι αν υπάρχει αυτή η πλευρά, δε σημαίνει ότι ο άλλος θέλει ή έχει τα κότσια να τη μετατρέψει σε βασική και κύρια. Σε λίγο χρονικό διάστημα φαίνεται η πρόθεση και η διάθεση γι' αλλαγή, όχι με λόγια αλλά με **πράξεις**.

Όταν όμως παίρνει στην αγκαλιά της και κανακεύει την κρυφή πλευρά του συντρόφου της, τότε αρχίζει μια διαδικασία συντήρησης και ανακύκλωσης της ιστορίας. Όσο κάποιος π.χ. τη νιώθει να τον επικροτεί και να τον αναλαμβάνει, τόσο εφησυχάζει και συνεχίζει, και όσο συνεχίζει, τόσο η "ψυχολόγος" πείθεται ότι τα φαινόμενα θα "απατήσουν", πως όλα θα ανατραπούν και θα φανεί επιτέλους ο αληθινός εαυτός του! Έτσι συνεχίζει να προστατεύει και να συντηρεί την άλλη, τη δευτερεύουσα πλευρά.

Η "ψυχολόγος" επιμένει ελπίζοντας και προσπαθώντας, για να βγει στο τέλος χαμένη, στενοχωρημένη, πικραμένη, απογοητευμένη.

Είναι αφελής; Είναι άπειρη και κοινωνικά κουτή; Είναι ευκολόπιστη και πεισματάρα; Συχνά ακούει όλους αυτούς τους χαρακτηρισμούς και δεν καταλαβαίνει γιατί την αφορούν. Πιστεύει ότι το μόνο που κάνει είναι να ψάχνει λίγο πιο πολύ τα πράγματα, να προσπαθεί να δει κάτω απ' την επιφάνεια.

Η "ψυχολόγος" μπορεί να έχει απέναντί της ένα μανιακό δολοφόνο κι επειδή τον είδε να κρατάει στην τσέπη του μια φωτογραφία της μαμάς του, να θεωρήσει ότι είναι ένα κατά βάθος πολύ τρυφερό πλάσμα που... κατά λάθος σκότωσε πέντε γυναίκες, και να τον αντιμετωπίσει σαν έκπτωτο άγγελο. Ή να συναντήσει έναν επαγγελματία εκτελεστή και να συγκινηθεί επειδή τον είδε να αναστενάζει και να δακρύζει στο ηλιοβασίλεμα!

Η Σοφία είναι κοινωνική λειτουργός, εξαιρετική στη δουλειά της, αλλά μόνη και προβληματισμένη. Οι γονείς της χώρισαν, όταν ήταν στην αρχή της εφηβείας. Ήταν όμως άτυχη γιατί δεν είχαν την ωριμότητα να διαχωρίσουν το συντροφικό ρόλο από το γονεϊκό. Αυτό δε βοήθησε πολύ τη Σοφία να ορθοποδήσει και να ξεπεράσει όσο πιο ανώδυνα γινόταν τις αλλαγές στην οικογένεια. Σας αφήνω όμως να ακούσετε την ίδια να μιλάει για τον εαυτό της, όπως έκανε σε μια από τις ομάδες του κέντρου Ψ.

Θα ξεκινήσω να μιλάω για τους έρωτες της ζωής μου κάνοντας αρχή από τον Μάνο, ένα πολύ "κακό" αγόρι που έφερε τα πάνω κάτω στη ζωή μου εκείνα τα τρυφερά χρόνια της εφηβείας.

Ο Μάνος ήταν όμορφος, έξυπνος, είχε ένα ύφος απόμακρο, λίγο μυστήριο, λίγο ειρωνικό και λίγο μπλαζέ. Ο Μάνος είχε επιτυχία στα κορίτσια που τον έβρισκαν πολύ κουλ, μυστηριώδη, παράξενο και πολύ, πολύ... sexy. Ο Μάνος όμως έλεγε ξεκάθαρα σε όλες ότι δεν ήθελε ούτε να ερωτευτεί ούτε να δεθεί συναισθηματικά γιατί του άρεσε η ελευθερία και η μοναξιά του. Έτσι πέταγε από κορίτσι σε κορίτσι αφήνοντας πίσω του απογοήτευση, θλίψη και πόνο σε όσες πίστεψαν ότι θα ήταν μοναδικές και θα κατακτούσαν για πάντα την καρδιά του.

Για μένα ο Μάνος ήταν ένα μυστήριο. Δε με έπειθε ο Καζανόβας που έβλεπα. Υποπτευόμουν ότι κάτω από την εξωτερική εικόνα του σκληρού και του αδιάφορου πρέπει να κρυβόταν κάτι άλλο, πιο ανθρώπινο, πιο τρυφερό. Είναι αλήθεια ότι δεν είχα αποδείξεις γι' αυτό, αλλά η διαίσθησή μου επέμενε κι εγώ ήθελα να την προσέχω και να την ακούω.

Εκείνη την εποχή, στα δεκαέξι μου, ήμουν ήδη αρκετά ανεπτυγμένη, με πολλές αισθητικές αρετές, ποικίλες πνευματικές αναζητήσεις και... αρκετές συναισθηματικές ελλείψεις.

Η προσωπική μου βιβλιοθήκη (αν και όχι ιδιαίτερα μεγάλη ακόμα) ήταν γεμάτη με διάφορα βιβλία ψυχολογίας που μου έδιναν τα ερεθίσματα να ψάχνω εξηγήσεις και αναλύσεις πάνω στον άνθρωπο και τις σχέσεις. Πάνω λοιπόν που άρχισα να πιστεύω ότι εξελισσόμουν σε Μεγάλο Ψυχολόγο, έβαλα στο στόχαστρό μου τον Μάνο. Άρχισα να τον παρακολουθώ αδιάκοπα, ώσπου μια μέρα η τύχη μου χαμογέλασε και τον πέτυχα μόνο του εκεί όπου μ' άρεσε να καταφεύγω με τα βιβλία μου για να βρίσκω γαλήνη και ηρεμία.

Σ' αυτό λοιπόν το μικρό ερημητήριο συνέλαβα τον εισβολέα επ' αυτοφώρω. Ξαπλωμένος πάνω σ' έναν υπνόσακο, απολάμβανε το τσιγαράκι του και την μπίρα του διαβάζοντας τι; Τα άπαντα του Καβάφη.

Τον πλησίασα δειλά δειλά και χωρίς να το πολυκαταλάβω βρεθήκαμε να μοιραζόμαστε την ίδια συγκίνηση και το δέος που προκαλούσε και στους δυο μας ο αγαπημένος μας ποιητής. Εκείνη την ημέρα πείστηκα ότι ο Μάνος ήταν αυτό που υποπτευόμουν· ο τρυφερός, ρομαντικός ιππότης και ποιητής. Εκείνος από την πλευρά του έδειχνε μια γλύκα και μια τρυφεράδα που με έπειθαν ότι κι αυτός δεν ήταν αδιάφορος απέναντί μου.

Όταν ο Μάνος άρχισε σιγά σιγά να μην αρκείται στις αγκαλιές και τα φιλιά, αλλά να θέλει κάτι περισσότερο, το θεώρησα πολύ φυσικό. Έτσι ένα ωραίο βράδυ του Γενάρη "έχασα ό,τι πολυτιμότερο είχα" όπως λένε και στα Άρλεκιν, με πολλή χαρά, με λίγη αγωνία και με πολλή, πολλή αγάπη! Μπορεί οργασμό να μην ένιωσα, έτσι τουλάχιστον όπως τον περιέγραφαν κάποιες γυναίκες, αλλά σίγουρα ένιωσα ευτυχία κι ολοκλήρωση.

Ο Μάνος εξακολουθούσε να είναι γλυκός μαζί μου, χωρίς όμως να μου αφήνει άμεσα περιθώρια ελπίδας για κάτι πιο σοβαρό και μόνιμο. Αν δεν τον γνώριζα καλά, θα πληγωνόμουν βαθιά, αλλά εγώ ήξερα κάτι που όλοι αγνοούσαν: τον "άλλο" Μάνο.

Όμως την άνοιξη εκείνης της χρονιάς ένα τυχαίο γεγονός έβαλε φρένο στα όνειρά μου και διέλυσε την καρδιά και τα συναισθήματά μου. Ένα βράδυ βολτάροντας στο παλιό οχυρό έξω από την πόλη, όπου είχαμε φτιάξει την ερωτική μας φωλιά, έπεσα πάνω στον Μάνο και μια άγνωστη σε μένα κοπέλα. Το ζευγάρι ήταν σε τρυφερό τετατέτ, ιδιαίτερα αποκαλυπτικό, που δεν άφηνε κανένα περιθώριο λάθους ή παρεξήγησης.

Τι ένιωσα αλήθεια; ΤΙΠΟΤΑ. Σαν κάποιος να άδειασε κάθε σκέψη απ' το μυαλό μου, κάθε ενέργεια και ζωή από το σώμα μου. Έπεσα με τα ρούχα στο κρεβάτι, παραδομένη σ' έναν ύπνο βαθύ, κάτι σαν λήθαργο. Το κλάμα και τα αναφιλητά ήρθαν τα χαράματα ορμητικά και λυτρωτικά. Έκλαψα για μένα, για τον Μάνο, για τα προδομένα όνειρα, για τις κατεστραμμένες ελπίδες μου.

Ο Μάνος με μια απίστευτη ηρεμία, που άγγιζε τα όρια του κυνισμού και της αναισθησίας, μου ευχήθηκε καλή τύχη γιατί "είμαι καλό παιδί", όπως είπε χαρακτηριστικά. Ούτε θέλησε να δικαιολογηθεί μιας και, όπως είπε, ουδέποτε μου υποσχέθηκε κάτι περισσότερο από ευχάριστες στιγμές και ουδέποτε μου μίλησε για έρωτα, αγάπη ή μονογαμία. Και είχε δίκιο. Μάλλον εγώ έφταιγα τελικά, ίσως ήμουν ανεπαρκής, ίσως μικρή και άπειρη για να μπορέσω να κρατήσω έναν τέτοιον άντρα.

Τα χρόνια που ήρθαν, απέκτησα –εκτός από μεγαλύτερη ηλιθιότητα– και ένα πτυχίο κοινωνικής λειτουργού, μερικά ανώδυνα φλερτ και μια καλή θέση σε ένα σωφρονιστήριο. Δόθηκα στη δουλειά μου ψυχή τε και σώματι. Για μένα οι φυλακισμένοι ήταν χαμένες, παραστρατημένες ψυχές που κάτω από τη σωστή καθοδήγηση και φροντίδα θα έβρισκαν το δρόμο τους.

Ένας τέτοιος "δυστυχισμένος" ήταν και ο Ντίνος. Ήταν παιδί με δύσκολα παιδικά χρόνια. Μπαμπάς αλκοολικός και μαμά βασανισμένη και κλεισμένη στον εαυτό της. Από πιτσιρίκι άρχισε να δουλεύει σε ό,τι ευκαιρία του δινόταν, ξεχνώντας τι σημαίνει κούραση, διασκέδαση, χαρά. Και τα λεφτά ποτέ δεν ήταν αρκετά.

Τέτοιο πρόσφορο έδαφος βρήκε ο Μπάμπης ο λαμόγιος και άρχισε να βάζει λόγια στον Ντίνο. Λέγε-λέγε ο Μπάμπης, κατάφερε να βάλει τον Ντίνο στα κόλπα των κλοπών. Έτσι ο Ντίνος άρχισε μια ένδοξη καριέρα που ξεκίνησε με αναμορφωτήριο και συνέχισε σε φυλακές ενηλίκων.

Με την πρώτη ματιά, όταν τον πρωτοείδα, εντυπωσιάστηκα από τα μάτια του. Ήταν τα μάτια ενός μικρού αγοριού που μπορεί εξωτερικά να έβγαζε θυμό και σκληράδα, στο βάθος όμως σιγόκαιγε πόνος, θλίψη και αθωότητα.

Σε κάθε ευκαιρία έβαζα τα δυνατά μου να του δείξω εμπιστοσύνη, ενώ το ενδιαφέρον και η φροντίδα μου μεγάλωναν καθημερινά. Όμως ο Ντίνος έμενε ασυγκίνητος στην καλοσύνη μου, συνήθως σιωπηλός και αδιάφορος. Εγώ επέμενα γιατί ήξερα τη ζωή του κι ήθελα να φέρω στην επιφάνεια τον καλό, κρυμμένο του εαυτό.

Κι ήρθε η στιγμή που μου φάνηκε ότι ο Ντίνος άρχισε να μαλακώνει και να αλλάζει. Μάλιστα μου έκανε κι ένα αδέξιο κομπλιμέντο το οποίο όμως στα αυτιά μου ακούστηκε σαν θεσπέσιος ύμνος στην ομορφιά μου.

Όπως πολύ καλά υποπτευθήκατε, ο έρωτας ετοίμαζε πυρετωδώς τα βέλη του, ξέροντας μάλιστα άριστο σημάδι (τους βλάκες τους ανιχνεύει πιο εύκολα!).

Σε λίγο καιρό ανταλλάσσαμε γλυκόλογα, τρυφερές ματιές και κλεφτά αγγίγματα. Είπα ανταλλάσσαμε; Λάθος. Εγώ έλεγα και ο Ντίνος συμφωνούσε, για να είμαι πιο ακριβής. Μόνο που αυτό ***τώρα*** *είναι πιο καθαρό στο μυαλό μου. Τότε, πλέοντας σε πελάγη έρωτα και αφέλειας, νόμιζα ότι βιώναμε ένα κρυφό, απαγορευμένο πάθος.*

Τόσο μεγάλο ήταν το πάθος, που ο Ντίνος στην πρώτη ευκαιρία δραπέτευσε μαζί με τρεις άλλους συγκρατούμενους. Πεζή και ρεαλιστική κατάληξη ενός ρομάντζου που δεν πρόλαβε... να ανθίσει – παρά μόνο στη φαντασία μου.

Ίσως τελικά δεν αφέθηκε να με αγαπήσει, γιατί φοβόταν την προδοσία και την απόρριψη, μαθημένος στο μίσος και τη δυστυχία. Ίσως εγώ δε στάθηκα ικανή να τον πείσω ότι η αγάπη κάνει θαύματα.

Η Σοφία δεν εθελοτυφλεί, ξέρει πολύ καλά ποιος νομίζουν οι άλλοι ότι είναι ο άντρας που είναι δίπλα της. Ξέρει ότι ο Μάνος είναι γυναικάς, ξέρει ότι δε θέλει να δένεται συναισθηματικά κι όμως κολλάει μαζί του. Έχει περιέργεια, τον ψάχνει, τον ερευνά. Το γεγονός ότι έχει μια πλευρά –φαινομενικά τουλάχιστον– πιο "σοφιστικέ", της δημιουργεί το απαραίτητο ενδιαφέρον για να τον ψάξει. Πιάνεται απ' αυτή τη λεπτομέρεια για να στήσει ολόκληρο σκηνικό φαντασίας και παραμυθιού.

Δεν έχει δεδομένα για να πιστέψει ότι η συμπεριφορά του Μάνου είναι κάτι άλλο απ' ό,τι φαίνεται. Κι όμως, ερήμην των πάντων χτίζει το δικό της παραμύθι.

Ο άντρας του Καβάφη και της ποίησης είναι μόνο **μία** πλευρά κι όχι η σημαντικότερη του Μάνου, όχι αυτή που εμπνέει τις πράξεις του. Η Σοφία όμως έχει ανάγκη να τον δει ποιητή, ευαίσθητο και συναισθηματικά δοτικό. Γενικά και απόλυτα. Έτσι μπορεί να ταιριάζει μαζί του και να του διοχετεύει όλη της την αφοσίωση και τη διάθεσή της να τον αλλάξει. Το ότι κάποιος μπορεί να επιδεικνύει ευαισθησία σε ένα θέμα, δε σημαίνει ότι είναι συνολικά ευαίσθητος, κάθε στιγμή, κάθε λεπτό, κάθε μέρα και νύχτα, 365 μέρες το χρόνο. Μπορεί ένας ευαίσθητος άνθρωπος να φερθεί σκληρά χωρίς αυτό να σημαίνει ότι είναι καθ' όλα σκληρός. Μπορεί ένας γενικά σοβαρός άνθρωπος να φερθεί επιπόλαια, χωρίς αυτό να τον χαρακτηρίζει συνολικά. Η Σοφία ανάγει το χαρακτηρισμό της πράξης σε γενική ιδιότητα του χαρακτήρα. Από το τι κάνει ο άλλος βγάζει συμπέρασμα για το ποιος είναι.

Αρνείται να αξιολογήσει τη συναισθηματική αναρχία του που εκφράζεται στο παρελθόν του με όλο της το μεγαλείο. Ο Μάνος δε θέλει να αφεθεί σε μια σχέση, δε θέλει να διαθέσει και να καταθέσει ουσιαστικό συναίσθημα. Έχει μάθει να λειτουργεί έτσι όπως δείχνει και δε νιώθει την ανάγκη να αλλάξει.

Η μετέπειτα συμπεριφορά του απλά επιβεβαιώνει όσα από την αρχή έλεγε, ένιωθε, έκανε. Για ακόμη μια φορά παίρνει όση γύρη του χρειάζεται και μετά πετάει γι' άλλο λουλούδι. Η Σοφία προβληματίζεται. Παράλληλα με τον πόνο και τη θλίψη έχει ανάγκη να καταλάβει. Αναλύει τα πράγματα με γνώμονα την αρχική της θέση: ο Μάνος δεν ήταν ό,τι φαινόταν, αλλά ό,τι έκρυβε. Και φτάνει να ρίξει το "φταίξιμο" στην ίδια. Εκείνη δεν κατάφερε να τον καταλάβει, εκείνη δεν μπόρεσε να τον κρατήσει. Θα μάθει λοιπόν πώς να γίνει καλύτερος "ψυχολόγος".

Τα τρυφερά της αισθήματα κι η δίψα της για ψάξιμο βρίσκουν στη συνέχεια την καλύτερη διέξοδο και επενδύονται στον Ντίνο. Ο Ντίνος έχει όλα τα στοιχεία που ενεργοποιούν την ευαισθησία του ερευνητή, αλλά και την πλευρά της "Μητέρας Τερέζας". Αγνοεί το προφανές και την πρώτη ανάγνωση της ζωής του. Ποντάρει σ' αυτό που πιστεύει ότι μόνη της ανακάλυψε. Κάτι που όντως μπορεί να υπάρχει, αλλά με κανέναν τρόπο δεν αποτελεί σήμα κατατεθέν του.

Ο Ντίνος δε θέλει να αλλάξει συμπεριφορά, δε δηλώνει καν κάτι τέτοιο. Η Σοφία θεωρεί τις λίγες ξεχωριστές στιγμές τρυφερότητας και ευαισθησίας του ως καταπιεσμένη πλευρά που λίγο θέλει για να βγει στην επιφάνεια.

Όταν έρχεται αντιμέτωπη με το γεγονός της διαφυγής του, πάλι επιχειρεί να ρίξει το βάρος και την ευθύνη στον εαυτό της σαν έλλειψη της προσωπικής της αξίας και των ικανοτήτων της. Ούτε λόγος ούτε ίχνος προβληματισμού πάνω στην αξιολόγηση των δεδομένων και την ερμηνεία των γεγονότων.

Ας προσπαθήσουμε να καταλάβουμε καλύτερα πώς λειτουργεί η γυναίκα "ψυχολόγος", ακούγοντας ένα μέρος από την αφήγηση της Ειρήνης, μιας γυναίκας 37 ετών, νυν συζύγου και μητέρας, όπου φαίνεται καθαρά ο τρόπος σκέψης και επιλογής των συντρόφων της.

Ένα χρόνο είχα χωρίσει από τον Γιώργο και προσπαθούσα ακόμη να καταλάβω τι έφταιξε. Όλοι γύρω μου έλεγαν ότι ο άνθρωπος ήταν τεμπέλης και ονειροπαρμένος και επιπλέον το έδειχνε και δεν το έκρυβε. Όμως εγώ δεν μπορούσα να τους πιστέψω. Ήμουν η μόνη που εμπιστευόταν, η μόνη που περίμενε να τον βοηθήσει και αυτή που τον απογοήτευσε.

Αυτά συζητούσαμε συνέχεια με τη φίλη μου τη Νάντια και άκρη δε βρίσκαμε. Αφού τα αναλύσαμε όλα οριζόντια και κάθετα, αποφασίσαμε να αλλάξουμε σελίδα και να δραστηριοποιηθούμε.

Και να που η αισιοδοξία μας ανταμείφθηκε. Στέλιος και Ηλίας: το αχτύπητο δίδυμο, όπως μας συστήθηκαν. Γρήγορα φτιάξαμε μια παρέα που περνούσε τον καιρό της σε τζαζ μπαρ, κινηματογράφο και εκδρομούλες σε απομακρυσμένα, ορεινά μέρη.

Ο Στέλιος μου ήταν 34 ετών, δούλευε σε μια μεγάλη ιδιωτική τράπεζα, έμενε με τους γονείς του (για πρακτικούς, όπως έλεγε, λόγους) και αντιστεκόταν σθεναρά στα προξενιά – ευκαιρίες που έστηνε η μητέρα του, η φοβερή κυρία Λίτσα. Πίστευε στο γάμο και ήθελε να κάνει οικογένεια, αλλά όταν θα διάλεγε αυτός τη στιγμή.

Ονειρευόταν να ζήσει σ' ένα αγροτόσπιτο, κάπου έξω απ' την Αθήνα. Φυσικά θα έφευγε από την τράπεζα και θα ζούσε στην εξοχή με βιολογικές καλλιέργειες, απολαμβάνοντας τον απλό, χαλαρό εναλλακτικό τρόπο ζωής, όπως έλεγε.

Εκείνον τον πρώτο χρόνο, κάναμε ατέλειωτες συζητήσεις γεμάτες ένταση και πάθος για τη ζωή, το χρήμα, τις σχέσεις, τη δουλειά. Σκεφτόμασταν, προβληματιζόμασταν, ανησυχούσαμε κι ονειρευόμασταν, εμείς και μια ελίτ των σύγχρονων σκεπτόμενων νέων ανθρώπων, όπως πιστεύαμε.

Η κυρία Λίτσα συνέχιζε να του προξενεύει καλά, υπάκουα, εύπορα νοικοκυροκόριτσα, ο καιρός περνούσε κι εμείς ζούσαμε καλά κι ακόμα καλύτερα, ιδίως όταν το δεύτερο χρόνο αποκτήσαμε ένα ωραίο τζιπάκι 4Χ4 για να μας πηγαίνει ψηλότερα στα βουνά. Βοήθησαν οικονομικά και οι γονείς του Στέλιου μια και... "μοναχοπαίδι τον είχανε, δε θα του κάνανε και κάποια δώρα;"

Μόνο που δε βρίσκαμε πια τόσο χρόνο για να αφιερώνουμε σ' εμάς, ούτε σε διασκέδαση ούτε σε εκδρομές. Το δεύτερο καλοκαίρι της σχέσης μας πήγαμε στην Πάρο όπου κατά σύμπτωση ήταν κι ο διευθυντής του. Ο αγαπημένος μου σκίστηκε να τον περιποιηθούμε. Όχι ότι ήταν κακός άνθρωπος ή κακή παρέα, αλλά με τούτα και με εκείνα δε μείναμε καθόλου οι δυο μας.

Όμως το τελευταίο βράδυ πριν φύγουμε απ' το νησί, ο Στέλιος μου εξομολογήθηκε πόσο πολύ θα του άρεσε να φύγουμε μακριά από υποχρεώσεις και "πρέπει", πόσο θα του άρεσε να ήμασταν μόνο αυτός, εγώ κι ο Θεός σ' ένα έρημο νησί. Να μη νοιαζόμαστε για τίποτε και να μη ζητάμε τίποτε από κανέναν και κανείς τίποτε από εμάς.

Ο Στέλιος ήθελε να είναι αλλιώς, δε νομίζω ότι ήταν υποκριτής. Απλώς όλα αυτά ήταν ό,τι **θα** ήθελε κι όχι ό,τι είχε σκοπό να κάνει.

Ο επόμενος χειμώνας ήταν ακόμη πιο γεμάτος. Οι υποχρεώσεις του Στέλιου στην τράπεζα αυξήθηκαν, μαζί όμως και οι ώρες απασχόλησής του. Τώρα πια περνούσε λιγότερες ώρες στο σπίτι μου και παραπονιόταν συχνά ότι δεν τον φρόντιζα όπως η κυρία Λίτσα. Απ' την άλλη, εξακολουθούσε να ονειρεύεται την "αλλιώτικη ζωή" που θα γευόμασταν σ' ένα μέλλον κοντινό κι υπέροχο.

Δεν είμαι σίγουρη από ποια στιγμή κι ύστερα έχασα το κέφι μου. Είχα διαρκώς εκνευρισμό, έκλαιγα σχετικά εύκολα, γελούσα πιο δύσκολα. Όταν η κυρία Λίτσα με πήρε τηλέφωνο για μια συζήτηση "γυναίκας προς γυναίκα", νομίζω ότι μέσα μου ήξερα τι επρόκειτο να ακούσω. Ο Στέλιος είχε γνωρίσει μια πολύ καλή κοπέλα, ευκατάστατη, που τον ήθελε πολύ κι αυτή και οι γονείς της. Άλλωστε μ' εμάς δεν υπήρξε ποτέ τίποτα σοβαρότερο από νεανικές σαχλαμάρες! Τάδε έφη κυρία Λίτσα! "Για το καλό μας."

Με δάκρυα στα μάτια και λυγμούς, ο εναλλακτικός επαναστάτης-μαϊμού προτίμησε την ευκατάστατη νύφη, το οροφοδιαμέρισμα πάνω από την κυρία Λίτσα και τη σίγουρη θεσούλα στην τράπεζα. Πώς άλλαξε έτσι; Τι στο καλό έγινε και ξέφυγε από την πορεία του; Δεν ξέφυγε από κάπου που δεν ήταν ποτέ;

Ήταν πάντα συμβιβασμένος; Ποια στιγμή λοξοδρόμησε; Έπρεπε να έχω καταλάβει κάτι νωρίτερα;

Αυτά κι άλλα πολλά συζητούσαμε με τη Νάντια, η οποία εντωμεταξύ έβγαινε με τον Ηλία. Ο Ηλίας ήταν ένα πλάσμα γεμάτο ενέργεια και ζωντάνια, μιλούσε ασταμάτητα, είχε άποψη επί παντός επιστητού, καυχιόταν για την άριστη γνώση που είχε για την ελληνική γλώσσα, διακωμωδούσε τις ελλείψεις μας, χωρίς όμως να μας έχει πείσει για την εγκυρότητα και την αλήθεια όσων μας έλεγε.

Στην αρχή η Νάντια τον ανεχόταν για να μη χαλάσει την παρέα. Όταν όμως τον είδε τυχαία απέξω από το τζάμι ενός καφέ να κάθεται μόνος και θλιμμένος "σαν παιδάκι που δεν το παίζει κανείς", όπως μας περιέγραψε, τον πήρε υπό την προστασία της.

Ομολογώ ότι μέσα στη δική μου ψευδαίσθηση με τον Στέλιο δεν μπόρεσα να δω ότι ο Ηλίας απέφευγε συστηματικά να αντιμετωπίσει καταπρόσωπο τα πράγματα, με αποκορύφωμα τη στιγμή που η Νάντια ανακάλυψε ότι ήταν έγκυος και του το είπε. Μέσα σ' ένα απίστευτο συνονθύλευμα πατρικής έξαρσης, αντρικής ευθύνης, μεγαλεπήβολων σχεδίων και ερωτικών εξάρσεων, ο φανφαρόνος μας κατάφερε να είναι εντελώς απών. Και δε μιλάω μόνο για τις επισκέψεις στο γυναικολόγο και τα υπερηχογραφήματα, αλλά για ουσιαστική συμμετοχή του στη ζωή της Νάντιας. Τη μια ήταν καλεσμένος σε εξοχικό συναδέλφου στα βουνά κι η Νάντια δεν έπρεπε να ταλαιπωρηθεί με μετακίνηση, την άλλη έπρεπε να πάει με φίλο του στην άγονη γραμμή για περισυλλογή σε ό,τι αφορούσε το ρόλο του ως πατέρα, την τρίτη είχε ανάγκη να ξεσκάσει για να είναι έτοιμος ψυχολογικά για την ώρα της γέννας!

Γιατί υποφέρουμε οι γυναίκες; Ποια είναι τα λάθη μας; Είναι δυσνόητοι οι άντρες ή εμείς αφελείς και χαζές; Μήπως είμαστε παιδιά μιας κατώτερης Αφροδίτης; Σίγουρα έχουμε γραμμένο στο κούτελό μας το γράμμα "Η", όπως "ηλίθια". Δεν μπορεί να τραβάμε σαν μαγνήτες άντρες που θα μας κάνουν δυστυχισμένες! Κάτι θα εκπέμπουμε που ανιχνεύεται ειδικά από τους προδότες, τους ανεύθυνους και τους ψεύτες!

Ως εκεί όμως! Αλλαγή πορείας. Κάπου θα υπήρχαν και σωστοί άντρες. Θα τους βρίσκαμε λοιπόν! Κι αν δεν υπήρχαν, θα τους φτιάχναμε!

Απ' την άλλη μέρα, η Νάντια, με τη βοήθεια της πεθεράς της, ξεκίνησε την επιχείρηση "αναμόρφωση του Ηλία". Άρχισε να απαιτεί, να διατάζει, να αποφασίζει για δύο. Σε δύο μήνες γέννησε ένα μικρό, πονηρό "μαϊμουδάκι" που μας έκανε να κλάψουμε από συγκίνηση και να τρελαθούμε από χαρά.

Ο Ηλίας "αναμορφώθηκε", αλλά φαίνεται ότι δεν άντεξε για πολύ κι ένα ωραίο πρωί σάλπαρε, στην κυριολεξία, για τα ξένα. Δεν τον ξαναείδαν τα επόμενα οκτώ χρόνια...

Εγώ, ευαισθητοποιημένη όπως ήμουν από το χωρισμό μου, άφησα τον εαυτό μου ελεύθερο να πλαντάξει στο κλάμα και να ξεσπάσει σε ολοφυρμούς. Έως ότου βαρέθηκα. Και τότε –ω του θαύματος– η θεά τύχη με θυμήθηκε επιτέλους –έτσι νόμισα– και συνεργάστηκε με τη θεά Αφροδίτη για να φέρουν στο δρόμο μου τον Πέτρο.

Τις μέρες και τις νύχτες που ακολούθησαν τη γνωριμία μας, γίναμε γρήγορα φίλοι κι εραστές. Ο Πέτρος ήταν πολύ ξεκάθαρος στο τι ήθελε απ' τη ζωή του. Ήθελε να είναι ένας άντρας πετυχημένος επαγγελματικά, καλός οικογενειάρχης και ευαισθητοποιημένος στα κοινά. Μου είπε ακόμη ότι δε βάδιζε πάντα "με το σταυρό στο χέρι". Κάποιες φορές ένιωθα το κρύο άγγιγμα του φόβου στην καρδιά μου. Διαισθανόμουν ότι *οι δουλειές του Πέτρου είχαν και μια άλλη πλευρά, πιο σκοτεινή, πιο κρυφή, πιο βρόμικη. Ο ίδιος όμως με κρατούσε απέξω γιατί, έλεγε, ήμουν το διαμάντι του και δεν ήθελε να λερωθώ με βρομιές. Έβλεπα τους μπράβους του, αλλά ήθελα να πιστεύω ότι ήταν αναγκαίοι, ίσως αναπόσπαστο κομμάτι της δουλειάς του.*

Για να είμαι ειλικρινής, δεν ήταν οι προσφορές του που με συγκίνησαν, αλλά αυτό που ο ίδιος ήταν. Ήξερα τα αρνητικά του και ομολογώ ότι δε θα συνέχιζα μαζί του, αν δεν είχα γνωρίσει και την άλλη του πλευρά.

Μου άρεσε να τον βλέπω να κοιμάται δίπλα μου, παραδομένος σαν παιδάκι αγνό κι απροστάτευτο. Μου άρεσε που δεν ξεχνούσε την επίσκεψη στο κοιμητήριο στον πεθαμένο πατέρα του. Μου άρεσε που μου 'δειχνε απεριόριστη εμπιστοσύνη. Πίστευα σιγά σιγά ότι με την αγάπη μου και τη στήριξή μου θα κατάφερνα να βγάλω μέσα από αυτόν το μοναχικό παλιάνθρωπο το τρυφερό πλάσμα, ένα αφοσιωμένο στην οικογένειά του αρνάκι!

Ο γάμος μας έγινε με χαρές και τυμπανοκρουσίες στη γενέτειρά του. Αποκτήσαμε τρία παιδιά, ένα υπέροχο σπίτι στην Κηφισιά, τρία αυτοκίνητα, ένα σπίτι στη Μύκονο κι ένα ταχύπλοο.

Ο Πέτρος απορροφήθηκε τρελά από τη δουλειά του και τις κοινωνικές του υποχρεώσεις. Εγώ απέκτησα ένα υπέροχα γυμνασμένο σώμα, βραβείο στο σαβουάρ βιβρ, θαυμασμό από τις άλλες γυναίκες, αλλά και πολλή πολλή μοναξιά.

Ο Πέτρος μου, ο σύντροφός μου για τα καλά και τα δύσκολα, έγινε ο μεγάλος απών στη ζωή μου. Τυπικά ήταν μάλλον ο ιδανικός σύζυγος και οικογενειάρχης. Στο σπίτι, όμως, εφάρμοζε και εφαρμόζει τους κανόνες και τους νόμους που είχε στη δουλειά του· ήταν και είναι τελειομανής, σκληρός, αυστηρός και τιμωρητικός με όλους και όλα. Είχε μάθει να διατάζει και να μη συγχωρεί τα λάθη.

Δε μεμψιμοιρώ, απλά διαπιστώνω. Στο κάτω κάτω, τα ήξερα όλα αυτά απ' την αρχή. Απλά νόμισα...

Έχουμε ακόμα κάποιες ωραίες στιγμές, τρυφερές, γλυκές, ερωτικές, αλλά είναι όλο και πιο σπάνιες πια. Κάνουμε έρωτα μια φορά στις 15 κι αυτός είναι άτονος, χωρίς πραγματική επιθυμία. Ίσως να 'χει φιλενάδα που να τη θέλει περισσότερο. Δε θέλω να το ψάξω, δε θέλω να μάθω γιατί φοβάμαι να το αντιμετωπίσω.

Τον τελευταίο καιρό είμαι όλο και πιο μελαγχολική, δεν έχω όρεξη να βγαίνω, να πηγαίνω για ψώνια, να παίζω με τα παιδιά. Ο Πέτρος εξακολουθεί να είναι στον κόσμο του κι εγώ στη μιζέρια μου.

Υπάρχει άραγε περίπτωση να αλλάξουν όλα αυτά; Υπάρχει πιθανότητα να νιώσω ξανά γεμάτη κι ευτυχισμένη; Τι έχω κάνει λάθος στη ζωή μου; Γιατί την έχω πάρει τόσο λάθος;

Στέλιος: η αποθέωση της λανθασμένης αξιολόγησης και ερμηνευτικής αυθαιρεσίας της Ειρήνης. Εγκολπώνεται τα όνειρα και τους στόχους του, ενώ τα γεγονότα δείχνουν σταθερά και συνέχεια άλλη κατεύθυνση.

Νιώθει ξεχωριστή καταλαβαίνοντας ό,τι οι άλλοι αγνοούν. Μοιράζεται τα κρυφά του όνειρα και νιώθει περήφανη γι' αυτό. Όμως έχει ανάγκη να νιώσει ξεχωριστή, ανακαλύπτοντας ό,τι οι άλλοι δε θέλουν ή δεν ξέρουν ή δε νοιάζονται να ψάξουν...

Έχει όλα τα δεδομένα κι όμως επιμένει να τα αγνοεί και να σταματάει στη λεπτομέρεια. Όλα δείχνουν καθαρά την κατεύθυνση που ο Στέλιος ακολουθεί, όμως η Ειρήνη κοιτάει αυτό που το χέρι του δείχνει.

Έχει μια αίσθηση υπεροχής απέναντι σε όσους σαν Κασσάνδρες προλέγουν το διαφορετικό. Μπαίνει μέσα στο όνειρό του και διαλέγει το ρόλο της. Προσθέτει κι επαυξάνει. Ερωτεύεται ό,τι ανακάλυψε και επενδύει σ' αυτό.

Όταν έρχεται αντιμέτωπη με την "προδοσία" του, απορεί και πληγώνεται... Μοιράζεται τον πόνο της με τη φίλη της, συμπάσχει και κατανοεί. Αναρωτιούνται αν φταίνε οι άντρες που επιλέγουν, αν φταίει η μοίρα, αν φταίει η ατυχία τους ή μήπως η κουταμάρα τους. Είναι βολικό να αναθεματίζουμε κάποιον ή κάτι για τις ατυχείς επιλογές μας. Μήπως δεν μπαίνουμε συχνά όλοι στον πειρασμό για κάτι τέτοιο; Δεν έχουμε μάθει να κάνουμε κριτική στον εαυτό μας με κατανόηση, χωρίς τιμωριτική διάθεση. Δεν έχουμε μάθει να παίρνουμε την ευθύνη των επιλογών μας και να προσπαθούμε να αλλάξουμε όσα μας πονούν και μας δυσκολεύουν χωρίς μεμψιμοιρία και αυτομαστίγωμα.

Αν ρωτήσουμε την Ειρήνη, θα μας πει ότι λαχταράει τη συνύπαρξη και επιζητάει μια σχέση γεμάτη αγάπη. Θέλει όμως την αγάπη αυτή που η ίδια θα ξυπνήσει στο σύντροφό της. Αυτή την αγάπη που θα κερδίσει, όταν εκείνος θα μπορέσει να εκτιμήσει την ευαισθησία της εξερευνητικής της ικανότητας και τη νιώσει ξεχωριστή και μοναδική στα μάτια και την καρδιά του.

Βασισμένη στη θετική ματιά της για τη ζωή, θέλει να γυρίσει σελίδα αισιοδοξώντας –αόριστα– και ελπίζοντας –γενικά με ευχές– να βρει το "σωστό" άντρα.

Και βάζει ενεργά και καθοριστικά στη ζωή της τον Πέτρο. Βλέπει, καταλαβαίνει αυτά που ο ίδιος φανερώνει, θέλει και κάνει. Όμως και πάλι καταλαμβάνεται από το "σύνδρομο του ψυχολόγου". Σκάβει και ανακαλύπτει μια κάποια τρυφερή, "αλλιώτικη" διάθεση. Δεν ακούει τα λόγια του, δε βλέπει την καθημερινότητά του. Κλείνει τα μάτια στα δεδομένα και τις πράξεις του και προβάλει πάνω τους την ανάγκη της να ψάχνει οτιδήποτε ιδιαίτερο και κρυφό, ό,τι βρίσκεται βαθιά θαμμένο.

Ανοίγει την καρδιά της στη δική της "αποκλειστική" ανακάλυψη. Και πιστεύει ότι αυτή η δευτερεύουσα πλευρά του ίσως ταυτίζεται με τα δικά της "θέλω". Η ανάγκη της για μοναδικότητα γίνεται καθοριστική και απομονώνει πράξεις του Πέτρου, τις χαρακτηρίζει και φτιάχνει από αυτές το πορτρέτο του.

Εισπράττει αδιαφορία και νιώθει μοναξιά και απογοήτευση. Τότε αναθεωρεί τη ζωή της. Έχει πια δημιουργήσει οικογένεια κι οι ευθύνες της απέναντι στις επιλογές της είναι αυξημένες, σημαντικότερες και με βαρύτερες επιπτώσεις.

Καταλαβαίνει ότι κάτι πάει στραβά κι αναρωτιέται για τον τρόπο που έχει πορευτεί ως τώρα. Η συναισθηματική στέρηση την κάνει πια κυνική, στυφή, με έντονη διάθεση αυτοσαρκασμού και υποτίμησης του εαυτού της.

Η Σοφία κι η Ειρήνη δε διαφέρουν σε τίποτα απ' όλες εμάς που θέλουμε να νιώθουμε σημαντικές και ξεχωριστές. Που θέλουμε να νιώθουμε ότι μετράμε, ότι έχουμε κύρος και αξία, ότι έχουμε **μοναδικότητα**. Μόνο που οι "ψυχολόγοι" δεν το επιθυμούν απλά, το έχουν μεγάλη ανάγκη και έτσι προσπαθούν να "εξαγοράσουν" αυτή τη μοναδικότητα αγνοώντας τα δεδομένα, εξερευνώντας το απίθανο και καταφεύγοντας σε αξιολογήσεις και ερμηνείες που κοντράρουν συχνά και αυτή την κοινή λογική.

Προσπαθούν να κατευνάσουν τη δίψα τους για θαυμασμό, άλλοτε ψάχνοντας, άλλοτε διαβλέποντας την αθέατη πλευρά, άλλοτε προβάλλοντας αυτό που θεωρούν "ενδοσκοπική έρευνα" ή "αντισυμβατική ερμηνεία", άλλοτε εισχωρώντας σε ένα μπερδεμένο όνειρο που βασίζεται μόνο στις δικές τους ευχές. Για να θεωρηθούν σημαντικές, πρέπει να επιδείξουν έργο. Κι αυτό το έργο στηρίζεται στην ικανότητά τους να επιτυγχάνουν να φέρουν στο φως ό,τι όλοι οι άλλοι δεν έχουν καταφέρει να γνωρίσουν, να κατανοήσουν, να ανακαλύψουν, να διαβλέψουν.

Οι γυναίκες "ψυχολόγοι" αυτού του κόσμου μπορεί να περάσουν πολλά χρόνια της ζωής τους ψάχνοντας την ευκαιρία να αποδείξουν ότι αξίζουν και ότι είναι άξιες εκτίμησης κι αγάπης. Δεν έμαθαν ότι καθεμιά μας διαθέτει έναν απίστευτα ευφάνταστο συνδυασμό χαρισμάτων και ελλείψεων, προτερημάτων και αδυναμιών. Όλα δένουν σε ένα σύνολο ξεχωριστό, δικό μας, μοναδικό, με τη δική του ειδική αξία, αυτό που σηματοδοτεί εμένα με τη δική μου αξιοπρέπεια, τις δικές μου αρχές και τη δική μου αξία!

Όλοι οι άνθρωποι έχουν κρυφές ή δευτερεύουσες πλευρές που είναι ελκυστικές, ωραίες και γοητευτικές. Γεμάτες υποσχέσεις γι' αγάπη κι ευτυχία. Η συμπεριφορά μας όμως, όσα κάνουμε, μπορεί να είναι διαφορετική απ' όσα νιώθουμε. Τα συναισθήματα είναι πάντα σεβαστά και αποδεκτά. Όμως όποιος θέλει να έχει μια καλή επαφή με τον εαυτό του και να ανεβάσει την πίστη στην προσωπική του αξία, αυτός τα ανιχνεύει, τα κατανοεί, τα αποδέχεται και τα εκφράζει. Κι ύστερα μαθαίνει να τα βάζει οδηγό στις πράξεις του. Το θέμα είναι αν και κατά πόσο θέλουμε ή είμαστε διαθέσιμοι να μετατρέψουμε την αποθήκη σε βιτρίνα. Αν και κατά πόσο σκοπεύουμε **στην πράξη** να κάνουμε το δευτερεύον πρωτεύον. Αν και κατά πόσο αφήνει ο άλλος έστω ένα δεδομένο για να προσπαθήσει η κάθε Σοφία να φέρει στο φως ό,τι υπάρχει στο σκοτάδι. Όταν κάποιος έχει μάθει να συμπεριφέρεται με ένα συγκεκριμένο τρόπο, χρειάζεται ο ίδιος να βιώσει τα αποτελέσματα, χρειάζεται ο ίδιος να νιώσει και να καταλάβει αν αυτό είναι ό,τι θέλει και επιδιώκει στη ζωή του.

Δεν αρκεί μόνο η συντροφική αγάπη και η προστατευτική της ασπίδα για να αλλάξει ένας άντρας. Η αλλαγή του καθένα χρειάζεται αρθρωμένη θέληση και **έμπρακτη**, πρακτική απόδειξη **εκ μέρους του** μέσα σε εύλογο χρονικό διάστημα. Τότε μπορεί η σύντροφος να νιώσει ότι αξίζει τον κόπο να τον πιστέψει, να τον ενθαρρύνει και να του συμπαρασταθεί.

Αλλά και πάλι, η σύντροφος δεν είναι ψυχολόγος για να αναλάβει την καθοδήγηση στην αλλαγή ενός ανθρώπου, ακόμη και αν αυτός τη θέλει και της τη ζητάει. Κανείς δεν μπορεί να το "παίζει" ψυχολόγος στο σύντροφό του, ούτε καν ένας επαγγελματίας ψυχολόγος, χωρίς να αλλοιώσει τη συντροφική σχέση, μεταβάλλοντάς τη σε... ψυχοθεραπεία. Άλλο "ενθαρρύνω και βοηθώ" και άλλο "θεραπεύω".

Η γυναίκα "ψυχολόγος" θέλει να είναι σύντροφος μοναδική και ξεχωριστή. Βαθιά μέσα της φοβάται ότι είναι μετριότητα ανούσια και βαρετή. Και σ' αυτή τη φοβία της θυσιάζεται το προφανές της πρώτης ανάγνωσης των πραγμάτων. Φόβοι, προηγούμενες εμπειρίες, ελπίδες και προσμονές μπλέκονται και της φτιάχνουν το φακό μέσα από τον οποίο θα βλέπει και θα ερμηνεύει τη συμπεριφορά των αντρών που την έλκουν.

Είναι ωραίο να μην εφησυχάζει κανείς παίρνοντας πάντα τα δεδομένα όπως του τα δίνουν. Αλλά πάντα ξεκινάμε από το προφανές και το δεδομένο. Αν αυτό δεν ενώνει σωστά τα κομμάτια του παζλ, τότε ψάχνουμε για εναλλακτικούς συνδυασμούς, για παράξενες και απίθανες υποθέσεις.

Η ανάγκη να νιώθει και να είναι ξεχωριστή, μοναδική στα μάτια των γύρω είναι πολύ σημαντική για τη γυναίκα "ψυχολόγο", τόσο που γίνεται εξάρτηση. Έτσι προσπαθεί να ανακουφίσει αυτή την απαιτητική ανάγκη της με το μηχανισμό της εξερεύνησης και ανακάλυψης και καταφεύγοντας στο ρόλο του ψυχολόγου που, όπως πιστεύει, κατανοεί και νιώθει ό,τι οι "κοινοί θνητοί" δεν κατορθώνουν. Νομίζει ότι κερδίζει αποδοχή και αξία, στην ουσία όμως χάνει όλα αυτά που όλες μας δικαιούμαστε και χωρίς όρους: Να νιώθουμε άξιοι να αγαπηθούμε χωρίς να εξαντλούμαστε από την προσπάθεια εξαγοράς της αγάπης.

Τρίτη παγίδα: "Κάποιος να με προσέχει"

Η γυναίκα Σταχτοπούτα πιστεύει και περιμένει ότι ο σύντροφος είναι **αποκλειστικά και μόνο** αυτός που θα την κάνει ευτυχισμένη. Έχει ήδη ένα σενάριο ζωής και ευτυχίας στο μυαλό της και προσπαθεί να ταιριάξει με αυτόν τον πρίγκιπα και δημιουργό ευτυχίας.

Συχνά οι Σταχτοπούτες αυτού του κόσμου μεγαλώνουν με μια προοπτική: να ψάξουν και να βρουν τον καλύτερο πρίγκιπα, για να του παραδώσουν το κλειδί της ευτυχίας τους.

Υπάρχουν παραλλαγές του πρίγκιπα. Υπάρχει ο "ρομαντικός-τρυφερός", ο "πετυχημένος", το "καλό παιδί", ο "κοινωνικά καταξιωμένος", το "τέρας μορφώσεως", ο "οικονομικά εύρωστος" κ.ά.

Οι φαινομενικοί λόγοι που οι Σταχτοπούτες ψάχνουν τον πρίγκιπα είναι επίσης πολλοί: "Γιατί έτσι μας θέλει η κοινωνία", "Για να είναι ήσυχοι οι γονείς μου ότι άλλος πια έχει την ευθύνη μου", "Γιατί κάθε γυναίκα χρειάζεται από τη φύση της έναν άντρα να την προστατεύει", "Γιατί δεν τα βγάζω πέρα οικονομικά", "Γιατί η ζωή είναι πιο εύκολη, όταν ο άλλος έχει την ευθύνη" κ.ά.

Σε όλα αυτά ο κοινός παρονομαστής είναι ότι οι Σταχτοπούτες θεωρούν αυτονόητο και απαραίτητο να χαρίσουν την ευθύνη της προσωπικής ευτυχίας τους σε κάποιον άντρα που θα ονομαστεί σύζυγος ή σύντροφος. Συχνά παραπονιούνται ή απελπίζονται: "Μα δεν υπάρχει κανείς για να με κάνει ευτυχισμένη;" Δεν περνάει καν απ' το μυαλό τους η ιδέα να δουλέψουν και οι ίδιες λίγο για την προσωπική τους ευτυχία.

Η όποια συνειδητοποίηση αυτού του αδιέξοδου τρόπου κάλυψης της επιθυμίας για συντροφικότητα μπορεί να έρθει –και έρχεται τις περισσότερες φορές– επώδυνα και θλιβερά.

Τότε η Σταχτοπούτα αναγκάζεται να αντιμετωπίσει το γεγονός ότι είναι μόνη κι ότι έχει δύο επιλογές: είτε θα μάθει να περπατάει μόνη της, είτε θα βρει κάποιον άλλο να την αναλάβει. Το παιχνίδι της εναλλαγής "βασιλόπουλων" ή "δημιουργών ευτυχίας" είναι το πιο εύκολο, είναι αυτό που έχει μάθει και τη βολεύει. Μπορεί να συνεχιστεί επ' αόριστον, έως ότου μέσα απ' την επανάληψη νιώσει το αδιέξοδο.

Δυστυχώς πολλοί γονείς, ακόμη και σήμερα, μαθαίνουν στο κορίτσι τους ότι το μέλλον του εξαρτάται από έναν άντρα. Παλιότερα, που η μόνη οικονομική εξασφάλιση για μια κοπέλα ήταν ο γάμος, οι γονείς την εξόπλιζαν με τέτοιον τρόπο ώστε να πετύχει την καλύτερη... σύνταξη και ασφάλεια.

Ουσιαστικά, το μόνο μέλλον για τις γιαγιάδες και τις μανάδες μας ήταν η τιμή του γάμου κι αυτό πλήρωσαν –συχνά ακριβά– με τη σωματική ή την ψυχική υγεία τους εδώ και πολλά χρόνια. Ποια μπορούσε να πει όχι στον άνθρωπο που την τάιζε; Ποια μπορούσε να έχει άποψη και γνώμη αντίθετη απ' αυτή του προστάτη; Ποια μπορούσε να κάνει κάτι αλλιώτικο απ' αυτό που ο αρχηγός θεωρούσε σωστό και καλό;

Συχνά οι γιαγιάδες έλεγαν ότι ο γάμος είναι λαχείο κι εύχονταν να τους τύχει το καλό· δηλαδή κάποιος που να μη χαρτοπαίζει, να μην πίνει, να μην τις χτυπάει. Πού τότε λέξη για επικοινωνία, για συναισθηματικό δόσιμο, για έρωτα, για σεβασμό, για αποδοχή...

Σήμερα υποτίθεται ότι τα πράγματα έχουν αλλάξει. Θεωρείται ότι η γυναίκα προσπαθεί πια να έχει επιλογές στη ζωή της και συνδιαλέγεται από θέση ισότιμη, ισχυρή κι όχι ως φτωχός συγγενής. Ψάχνει σύντροφο και όχι προστάτη, μιας και μπορεί να **έχει στον ήλιο μοίρα**.

Όμως, οι Σταχτοπούτες μας, παρότι συχνά έχουν όλα τα φόντα για να πατάνε γερά στα πόδια τους, επιμένουν να στηρίζονται στον άντρα. Έτσι μεγάλωσαν, τέτοια άποψη έχουν για τη συντροφικότητα.

Είναι άξιο απορίας πώς κάποιοι γονείς γίνονται πιο ήσυχοι παραδίδοντας την ευθύνη της ζωής της κόρης τους σ' έναν άγνωστο, κάποιον που μοιάζει καλός και ίσως να είναι, αλλά που ουδόλως γνωρίζουν. Ενώ αποφεύγουν να εξοπλίσουν αυτήν που οι ίδιοι ανέθρεψαν με ό,τι χρειάζεται **για να στηρίζεται στα δικά της πόδια** γερά, σταθερά. Μόνο όταν στηριζόμαστε στις δικές μας δυνάμεις, μπορούμε να επιλέξουμε σύντροφο από **επιθυμία** και όχι από απαιτητική ανάγκη, γιατί **έτσι θέλουμε** και όχι γιατί πρέπει. Δυστυχώς, όμως, αυτό που νομίζουν για "το καλό μας" είναι αυτό που στην πορεία μπορεί να μας φέρει ανασφάλεια, αβεβαιότητα, άγχη και αγωνίες.

Η φωνή της μαμάς συχνότατα λέει "Άσε τα πτυχία και τις καριέρες κι άρχισε να ψάχνεις για σύζυγο. Η κοινωνία μας δε συγχωρεί μια γεροντοκόρη!" Κι ας είναι η κοπέλα οικονομικά ανεξάρτητη, κι ας είναι ισορροπημένη με τον εαυτό της, κι ας είναι χαρούμενη με τη ζωή της.

Έτσι βρίσκουμε Σταχτοπούτες να υποκύπτουν στην επιταγή της οικογένειας για να μη στενοχωρήσουν τη μαμά και τον μπαμπά, και να αλλάζουν μια όμορφη ζωή σε μίζερη για το "χατίρι" τους.

Άλλοτε πάλι, βρίσκουμε Σταχτοπούτες να ψάχνουν απεγνωσμένα για "σπόνσορα" να αναλάβει το οικονομικό τους μέλλον, μιας και η μαμά τους λέει να μην είναι κορόιδα και η κοινωνία τους ζητάει να ανήκουν στις "πετυχημένες", δηλαδή σ' εκείνες που διαθέτουν σύζυγο με βίλα, εξοχικό, σπορ οικογενειακό αμάξι, σκάφος, μηχανή και πολλές επίδοξες φιλενάδες. Πώς θα τα πετύχουν πιο γρήγορα κι εύκολα; Με ένα γάμο, με ένα σπόνσορα που θα έχει όλα αυτά που περιέχει η συνταγή της ευτυχίας – αλλά πιθανότατα και πολλές φιλενάδες εκ παραλλήλου και κρυφά...

Υπάρχουν κι άλλες Σταχτοπούτες ρομαντικές, σαν τη Λίζα που θα ακούσουμε, οι οποίες μπερδεύουν την αγάπη με την υποταγή, τη θηλυκότητα με τη σαγήνη, το δόσιμο με την υποδούλωση.

Η Λίζα έχει μάθει και πιστεύει ότι η αγάπη είναι βαθιά, τόσο βαθιά ώστε να χάνεις τον εαυτό σου και να αφοσιώνεσαι στον άνθρωπό σου. Πιστεύει ότι αυτός θα είναι ο πυρήνας της ύπαρξής της, θα τη νοιάζεται, θα τη φροντίζει, θα την αγαπάει και θα την έχει πρώτη, κυρίαρχη και αποκλειστική έννοια του.

Είναι γλυκιά, είναι τρυφερή, είναι ρομαντική και θεωρεί αυτονόητο ότι κάπου υπάρχει ένας ίδιος πρίγκιπας που, εκτιμώντας όλα αυτά, θα την κρατήσει για πάντα κοντά του.

Η Λίζα μεγάλωσε σ' ένα "προστατευμένο περιβάλλον". Οι γονείς της είναι και οι δύο άνθρωποι τρυφεροί που σέβονταν πάντα ο ένας τον άλλο. Ερωτεύτηκαν κεραυνοβόλα, όπως ομολογούν, και κατάφεραν να διατηρήσουν τη φλόγα τους για πολλά πολλά χρόνια. Μόνο που δεν κατάλαβαν ότι αυτό που έζησαν οφειλόταν στην αξιοπρέπεια, την αμοιβαιότητα και την αγάπη τους, κι όχι γενικά κι αφηρημένα στον "καλό γάμο".

Ουδέποτε κατάλαβε η μαμά της Λίζας ότι ο όμορφος και ευγενικός άντρας που τη γοήτεψε –γιατί αυτά ήταν τα κριτήριά της για να τον ερωτευτεί– και στον οποίο παρέδωσε την ευθύνη της ευτυχίας της, εκτός του ότι ήταν τρυφερός, γλυκός, αξιοπρεπής, **δε θέλησε** να κάνει κατάχρηση των δικαιωμάτων και της εξουσίας του. Έτσι, δεν μπόρεσε να συμβουλέψει σωστά τη Λίζα και την πότισε με τα αγνά και αφελή όνειρα κοπέλας άλλης εποχής. Δεν την εξόπλισε για να ξεχωρίζει την πονηριά, την εκμετάλλευση, τη φαυλότητα, αλλά και την άδολη αγάπη, την ψυχική ευγένεια και την ουσιαστική αφοσίωση.

Απ' την πλευρά της η Λίζα διαιωνίζει τις ιδέες αυτές και δεν μπαίνει στον κόπο να τις αμφισβητήσει ούτε στην αρχή της ερωτικής της ζωής ούτε μετά από τις πρώτες αποτυχημένες σχέσεις. Πιστεύει ότι απλά δε βρίσκει τον "σωστό".

Οι γονείς μου είχαν παντρευτεί από μεγάλο έρωτα. Από ό,τι μου έλεγε η μαμά, από την αρχή κατάλαβε ότι αυτός ήταν ο άντρας της ζωής της κι ότι σ' αυτόν μπορούσε να παραδώσει το κλειδί της καρδιάς και της ευτυχίας της, μιας κι ο άντρας είναι η ευτυχία της γυναίκας.

Από μικρή η μαμά με κοίμιζε το βράδυ κι αντί για νανούρισμα μου έλεγε ξανά και ξανά κάθε λεπτομέρεια για το νυφικό της, τα σατινένια γοβάκια και το πέπλο της, για τα δώρα που έλαβαν στο γάμο τους, για τα λόγια που της είπε ο παππούς πριν πάνε στην εκκλησία, για την παρ' ολίγον λιποθυμία της γιαγιάς, για τον πρώτο χορό που χόρεψαν με τον μπαμπά, για την υπέροχη ζωή που ακολούθησε...

Έτσι άρχισα μέσα μου να παρακαλάω να βρεθεί και για μένα το βασιλόπουλο που θα με κάνει ευτυχισμένη, έστω στο μισό απ' ό,τι υπήρξε η μητέρα μου!

Ήταν καλοκαίρι του '78, όταν πήρα το απολυτήριο του λυκείου. Εκείνο το καλοκαίρι, ένα μεγάλο ξενοδοχείο της περιοχής αποφάσισε να διοργανώσει ένα φιλανθρωπικό χορό που θα ήταν το γεγονός του καλοκαιριού. Τι όμορφες ήταν εκείνες οι μέρες της προετοιμασίας και της αναμονής... Κομμωτήρια, ρούχα, αγωνίες και χαρές. Όλα όμως ανταμείφθηκαν, όταν τον είδα μπροστά μου, τον πιο γοητευτικό άντρα που είχα αντικρίσει ποτέ στη ζωή μου.

Ο Τίμος ήταν ιδιοκτήτης ενός ξενοδοχείου –κληρονομιά απ' τον πατέρα του– 30 ετών, μελαχρινός, με γκρίζα μάτια, όχι πολύ ψηλός, αλλά αθλητικός και καλοφτιαγμένος.

Όχι μόνο γοητεύτηκα, όχι μόνο πέταξα στα ουράνια, όταν άρχισε να με φλερτάρει συστηματικά, αλλά ούρλιαζα απ' τη χαρά μου, όταν ήρθε να με ζητήσει απ' τον πατέρα μου. Ο γάμος μας, επτά μήνες αργότερα, ξεπέρασε σε χλιδή και μεγαλοπρέπεια ακόμη κι αυτόν των γονιών μου, όπως ομολόγησαν. Ήταν παραμυθένιος, όπως τον είχα ονειρευτεί σ' όλη μου τη ζωή...

Ο Τίμος όμως δεν ήταν καθόλου ο άντρας που ονειρευόμουν. Το ίδιο εκείνο βράδυ του γάμου μας κατάλαβα ότι δε θα άκουγα καμπάνες ούτε θα έβλεπα ροζ συννεφάκια. Στο νυφικό μας κρεβάτι γνώρισα έναν εραστή ανυπόμονο και σκληρό, χωρίς καμιά διάθεση να φροντίσει το άπειρο σώμα και την τρυφερή καρδιά μου.

Πόσες φορές δεν έκλαψα σιωπηρά, όταν μόνη κι ανικανοποίητη τον έβλεπα να γυρνάει την πλάτη του και να αποκοιμιέται σε δευτερόλεπτα. Σιγά σιγά όμως άρχισα να συμβιβάζομαι και κάποια στιγμή αναγκάστηκα να δεχτώ ότι μπορώ να ζήσω κι έτσι.

Με πρότυπο την Τζάκι Κένεντι, βάλθηκα να οργανώσω το καινούργιο μας σπίτι με ποιότητα, κομψότητα, γούστο και πλήρη ελευθερία να κάνω ό,τι θέλω, όπως το θέλω, χωρίς κριτική στα έξοδα. Η διαχείριση του νοικοκυριού ήταν το καθήκον μου και το σπίτι μας ο πύργος μου.

Μόνο που ο Τίμος δούλευε πολύ, είχε τόσα πράγματα να κάνει κι εγώ έμενα συχνά και πολύ μόνη. Δεν ξεχνούσε όμως ποτέ τις επετείους μας, τα δώρα του ήταν πάντα πολύτιμα και καλόγουστα.

Όταν καμιά φορά τολμούσα να παραπονεθώ, θύμωνε πολύ και μου έλεγε ότι η εποχή των γονιών μου πέρασε ανεπιστρεπτί κι ότι καλά θα έκανα να προσαρμοστώ στη σύγχρονη εποχή. Όμως εγώ βαριόμουν χωρίς εκείνον και η ανάγκη μου να κουρνιάσω στην αγκαλιά του και να μου λέει πόσο μ' αγαπάει δεν έλεγε να σταματήσει...

Παρ' όλα αυτά, η ζωή μου κυλούσε ομαλά ανάμεσα στη φροντίδα του σπιτιού –αν και είχα βοήθεια, ήθελα εγώ να έχω τον τελευταίο λόγο– και το κομμωτήριο, τα ψώνια, το γυμναστήριο και το κους κους με τις φίλες μου...

Ήμασταν ήδη τριάμισι χρόνια παντρεμένοι, όταν έμεινα έγκυος στην κόρη μου την Ελισάβετ. Ο Τίμος χάρηκε πάρα πολύ και μου χάρισε μια καταπληκτική ρενάρ που, όπως έλεγε, πήγαινε με την καινούργια μου προσωπικότητα!

Η εγκυμοσύνη δε μου προκάλεσε ιδιαίτερα προβλήματα, αντίθετα με διευκόλυνε σε κάποια... ιδιαίτερα θέματα, όπως αυτό του σεξ. Είχα τώρα μια σοβαρή δικαιολογία για να αρνούμαι τις σεξουαλικές προτάσεις του άντρα μου, κάτι που όχι μόνο δεν του άρεσε, αλλά τον έκανε πιο απότομο και πιο κακόκεφο.

Η γέννηση της κόρης μας έφερε έναν αέρα φρεσκάδας και αλλαγής στο σπίτι, όχι όμως και στον άντρα μου. Ο Τίμος ξανοίχτηκε σε νέες "δραστηριότητες" που κάθε άλλο παρά καλυτέρευσαν τη σχέση μας. Το μια φορά το εξάμηνο καζίνο έγινε κάθε μήνα κι ύστερα κάθε βδομάδα και ύστερα τρεις φορές τη βδομάδα. Ούτε ήξερα πια αν θα γύριζε το βράδυ, πού έμενε στην Αθήνα, τι έχανε, τι κέρδιζε.

Αυτή η κατάσταση κράτησε τρία χρόνια...

Ώσπου ένα βράδυ ο πατέρας μου με πολλή διακριτικότητα και τακτ μου ανήγγειλε ότι ούτε λίγο ούτε πολύ ο Τίμος έκανε λάθος επιλογές στο χρηματιστήριο κι ότι προσπάθησε να επανορθώσει με τον τζόγο. Όμως βρέθηκε να χάνει μεγάλα ποσά κι έβαλε υποθήκη το σπίτι μας, αλλά και το ξενοδοχείο.

Ευτυχώς ο άντρας μου δε γύρισε στο σπίτι παρά δύο μέρες μετά. Έδειχνε ταλαιπωρημένος, άυπνος, με κόκκινα μάτια που απέφευγαν να με κοιτάξουν... Του έριξα καταπρόσωπο όλες τις ευθύνες του και τον κατηγόρησα ανοιχτά για το σημερινό μας ναυάγιο. Τότε ο Τίμος έγινε μαινόμενος ταύρος, τα μάτια του πετάχτηκαν έξω από τις κόγχες κι οι φωνές του κάλυψαν κάθε λέξη μου όσο το χέρι του κατέβαινε με δύναμη στο πρόσωπό μου...

Εκείνο το πρωί τελείωσαν τελεσίδικα τα τελευταία μου ροζ όνειρα κι οι τελευταίες τρελές ελπίδες μου. Μετακόμισα σ' άλλο δωμάτιο μόνη μου κι αποφάσισα να μαζέψω τα συντρίμμια μου και να σκεφτώ με καθαρό μυαλό τι θα κάνω.

Τον ένα χρόνο που μεσολάβησε ως και την τυπική διάλυση του γάμου μου, ο Τίμος εθεάθη συχνά σε μπουζούκια και night club αγκαλιά με τρυφερή νεαρή ύπαρξη. Δεν κρατούσε πια ούτε τα προσχήματα. Η αίτηση διαζυγίου που κατέθεσα, μας βρήκε και τους δύο σύμφωνους.

Απ' ό,τι έμαθα αργότερα, ο Τίμος έχασε και το ξενοδοχείο και το 'σκασε στο εξωτερικό αφήνοντας πίσω του δεκάδες απλήρωτα χρέη. Ήμουν, λοιπόν, μια εικοσιεξάχρονη μητέρα, χωρισμένη, ανεπάγγελτη και απελπιστικά μόνη, χωρίς κάποιον να με φροντίζει και να με νοιάζεται.

Ο Τίμος είναι ο πρώτος πρίγκιπας στη ζωή της Λίζας. Έχει όλα τα χαρακτηριστικά ενός "περιζήτητου εργένη", όπως τους χαρακτηρίζουν πολλά περιοδικά. Λίγο σκληρός, διακριτικά τρυφερός, πολύ πετυχημένος, πολύ γοητευτικός, πολύ αναίσθητος. Ξέρει καλά γιατί θέλει τη Λίζα και για ποιο ρόλο την προορίζει. Αναζητά ένα περίγραμμα γυναίκας για να δέσει με το ίματζ που θέλει να έχει. Το περίγραμμα το θέλει όμορφο, καλλιεργημένο, κοινωνικά ευέλικτο, θηλυκό κι υποταγμένο.

Η Λίζα είναι πρόθυμη να μπει σ' αυτόν το ρόλο, δεν το καταλαβαίνει και νομίζει ότι όλα θα εμπνέονται από την αγάπη. Έτσι κάνει κάθε προσπάθεια να είναι άριστη και να γίνει σωστή σύζυγος και μητέρα. Οι ελλείψεις που έχει από τον Τίμο είναι πολλές, και από την άλλη δεν έχει κάποιο αντίβαρο προσωπικής ζωής για να κρατήσει ισορροπία. Η ζωή της είναι ο Τίμος και όσα περιστρέφονται γύρω από αυτόν.

Δεν ασχολείται καθόλου με τον εαυτό της, λες κι είναι κάτι ασήμαντο, κάτι που δεν αξίζει τον κόπο να φροντίσει. Ασχολείται με το σπίτι, αλλά σαν πάρεργο, ίσα ίσα για να γεμίσει το χρόνο της, ώσπου έρχεται η ώρα που θα συναντήσει τον Τίμο. Όλα περιστρέφονται γύρω του και όλα καταρρέουν, όταν αυτός γίνεται "βάτραχος" τελειωτικά κι αμετάκλητα.

Όμως, όπως όλες όσες περιμένουν έναν άντρα για να δώσει νόημα στη ζωή τους, έτσι κι η Λίζα γρήγορα βρίσκει το διάδοχο. Η ίδια συνεχίζει:

Σ' εκείνο το σταυροδρόμι της ζωής που καθηλώθηκα, ανίκανη να σκεφτώ και να αποφασίσω, εμφανίστηκε σαν από μηχανής θεός στη ζωή μου η... διαφήμιση.

Μια μεγάλη διαφημιστική εταιρεία ζήτησε το σπίτι μας για τα γυρίσματα ενός φιλμ. Έτσι, η μοίρα θέλησε να δώσει τη δική της λύση στη ζωή μου. Ένα πολυπληθές συνεργείο κατέφτασε την ημέρα του γυρίσματος γεμίζοντας, μετά από πολύ καιρό, με φωνές, γέλια και ανθρώπινη ύπαρξη το αρχοντικό μας. Γενικός συντονιστής αυτού του ετερόκλητου πλήθους ο Πιέρ, ο σκηνοθέτης, άντρας ευγενικός, γλυκός, καλοαναθρεμμένος, αλλά και όμορφος, αρρενωπός και σαγηνευτικός!

Αυτός ο γλυκός άντρας έμελλε να είναι ο δεύτερος σύζυγός μου. Ήταν τόσο τρυφερός και στοργικός... Παρότι ο ίδιος ως άνθρωπος ήταν μάλλον απρογραμμάτιστος κι ακατάστατος, εντούτοις για χάρη μου οργανώθηκε κι έγινε ο γλυκός μου ιππότης που ανέλαβε να φτιάχνει το κέφι μου, να ανεβάζει το ηθικό μου και να μου βρίσκει τρόπους διασκέδασης.

Μπορώ να σας πω ότι τα κατάφερε άριστα και σε λίγο καιρό περνούσα υπέροχα για πρώτη φορά εδώ και αρκετά χρόνια. Οι πίκρες και οι απογοητεύσεις του γάμου μου πέρασαν στο παρελθόν και τελείωσαν οριστικά με την έκδοση του διαζυγίου μου.

Θα τα κατάφερνα όμως μόνη μου; Τι ωραία θα ήταν να έχω μια δεύτερη ευκαιρία στην ευτυχία! Τι ωραία θα ήταν ο δεύτερος πρίγκιπας να μη με απογοήτευε και να παρέμενε όμορφος, γλυκός και τρυφερός!

Ο Πιέρ, όλο τον καιρό που ακολούθησε, δε θέλησε να με πιέσει, αλλά μου μίλησε για τα πραγματικά του αισθήματα που ήταν έρωτας, αγάπη, πόθος και άπειρα άλλα που μου εξομολογήθηκε κρατώντας με αγκαλιά. Αχ, πόσο θα ήθελα να του πω ότι όχι μόνο δεν ένιωθα πιεσμένη, αλλά πως το μόνο που ήθελα ήταν να μείνω στην αγκαλιά του προφυλαγμένη για όλη μου τη ζωή!

Παντρευτήκαμε έξι μήνες αργότερα. Αμέσως φύγαμε για Μαυρίκιο, όπου πέρασα τις απολαυστικότερες μέρες όλης μου της ζωής. Ο Πιέρ ήταν πάρα πολύ τρυφερός εραστής και το χάδι του ήταν απαλό κι ανάλαφρο, τόσο που μερικές φορές ένιωθα σαν... πολύτιμη πορσελάνη.

Όταν γυρίσαμε στην Αθήνα, μετακομίσαμε σε μεγαλύτερο, καινούργιο σπίτι και φέραμε κοντά μας την Ελισάβετ, την οποία, όπως διαρκώς μου έλεγε ο Πιέρ, θα αγαπούσε καλύτερα κι από δικό του παιδί.

Κι έτσι έγινε. Για έναν ολόκληρο χρόνο ζήσαμε πολύ ευτυχισμένοι, χωρίς προβλήματα κι εμπόδια. Ο Πιέρ μας φρόντιζε ακόμη κι όταν ήταν κουρασμένος κι όταν οι επαγγελματικές του υποχρεώσεις απαιτούσαν όλο το χρόνο και την ενέργειά του.

Το πρώτο συννεφάκι ήρθε όταν ένα βράδυ ο Πιέρ άργησε να γυρίσει στο σπίτι κι εγώ ανησύχησα τόσο, που έβαλα τα κλάματα. Τότε με συμβούλεψε να βρω κάτι εποικοδομητικό να ασχοληθώ, για να φροντίσω τον εαυτό μου και να τον κάνω να περνάει καλά.

Όμως τα πραγματικά προβλήματα άρχισαν απ' τη στιγμή που ο Πιέρ έβαλε στα σκαριά το γύρισμα μιας μεγάλου μήκους κινηματογραφικής ταινίας που αποτελούσε γι' αυτόν όνειρο ζωής. Θα τον ονόμαζα ο "Μεγάλος Απών" για όλο εκείνο το διάστημα των τριών μηνών. Το μυαλό του ήταν αλλού, η καρδιά του χτυπούσε μόνο για τους ήρωές του και το σώμα του ήταν αναίσθητο, χωρίς πόθο και ζωντάνια.

Ζήλεψα τους ηθοποιούς του, ζήλεψα τους συνεργάτες του, ζήλεψα όλους όσοι εκείνη την εποχή δούλευαν μαζί του και ζούσαν μαζί του. Οι καβγάδες ήταν σχεδόν καθημερινό φαινόμενο. Ή μάλλον, για να είμαι πιο ακριβής, εγώ φώναζα κι ο Πιέρ σιωπούσε με ύφος αποδοκιμασίας, καταφεύγοντας συνήθως στο γραφείο του. Όλη αυτή η ένταση συνεχίστηκε ως το τέλος των γυρισμάτων, όταν κι έγινε ο "Μεγάλος Τσακωμός".

Του φόρτωσα όλα μου τα παράπονα για την απουσία του, για την αδιαφορία του, για την έλλειψή του απ' την καθημερινότητά μας. Αυτός με αποκάλεσε Μπάρμπι και Σταχτοπούτα, και μου δήλωσε ότι καμιά διάθεση δεν είχε να με κουβαλάει στην πλάτη του.

Μου είπε ακόμη ότι μπέρδευα την αγάπη με την προσκόλληση κι ότι καλά θα έκανα να αρχίσω να ωριμάζω και να μάθω να στέκομαι στα πόδια μου!

Λόγια πικρά και άδικα, γιατί εγώ το μόνο που θέλησα ήταν να μου δείχνει ότι μ' αγαπάει.

Από εκείνη τη μέρα απομακρυνθήκαμε ακόμη περισσότερο. Ο άντρας μου ρίχτηκε με τα μούτρα στη δουλειά. Κλείστηκα στον εαυτό μου οικτίροντάς τον για την απόρριψη του Πιέρ. Η σεξουαλική μας ζωή ήταν πια σχεδόν μηδενική και η συνύπαρξή μας στο κρεβάτι ήταν μόνο μια αδιάφορη καληνύχτα.

Για το μόνο άνθρωπο που ο Πιέρ έβρισκε χρόνο ήταν η Ελισάβετ που έδειχνε να τον λατρεύει... Άρα αν ήθελε, μπορούσε να βρει χρόνο για όσους αγαπούσε, άρα δε μ' αγαπούσε πια.

Τέτοιες σκέψεις κι άλλες χειρότερες περνούσαν καθημερινά απ' το μυαλό μου. Ούτε το γυμναστήριο ούτε οι έξοδοι με τις φίλες μου ούτε το ταξίδι στους δικούς μου μπόρεσαν να αλλάξουν τη μελαγχολία και τον καημό μου.

Ένιωθα μόνη, ένιωθα παραμελημένη, άσχημη και ασήμαντη έως ότου γνώρισα τον Άλεξ, το γνωστό ηθοποιό. Ο Άλεξ ήταν το απόλυτο αρσενικό, η φαντασίωση κάθε γυναίκας. Ήταν αρρενωπός, αποφασιστικός, ήξερε να σε κάνει να νιώθεις επιθυμητή, αλλά συγχρόνως και να σε κρατάει σε ανασφάλεια. Συγχρόνως ήταν αστείος, ανάλαφρος, σιχαινόταν καθετί στενόχωρο και τρελαινόταν για ιστορίες έρωτα και πάθους.

Δε σας τα λέω όλα αυτά για να δικαιολογηθώ, άλλωστε μεγάλη ήμουν, ήξερα τι έκανα. Του δόθηκα μ' όλη την ορμή της στερημένης γυναίκας κι όλη την τόλμη της ερωτευμένης γυναίκας. Κι ο Άλεξ με ανέβασε στα ουράνια, μ' έκανε να νιώσω μοναδική, ερωτική, ξεχωριστή κι αξεπέραστη.

Οι συναντήσεις μας ήταν ανάλαφρες και χαρούμενες, γεμάτες πάθος κι ένταση. Ώσπου συνέβη το μοιραίο... Τι έκανε τον άντρα μου να έρθει στο θέατρο εκείνο το απόγευμα να αναζητήσει τον Άλεξ; Τι με έσπρωξε να πάω εκεί; Τι μας έκανε να έχουμε ξεχάσει την πόρτα ξεκλείδωτη; Μοίρα; Τύχη; Σύμπτωση;

Έκλεισε την πόρτα πίσω του χωρίς να πει κουβέντα και μας άφησε άφωνους και ντροπιασμένους... Όταν γύρισα στο σπίτι αργά το βράδυ, κάθισα βουβή δίπλα στο τζάκι, χωρίς να μπορώ να κλάψω και να θρηνήσω. Ξύπνησα αργά το πρωί απ' το κουδούνισμα του τηλεφώνου. Ήταν ο Πιέρ ο οποίος ήθελε να μου ανακοινώσει ότι θα κατέθετε αίτηση διαζυγίου –κοινή συναινέσει– ότι ήθελε να βλέπει τακτικά την Ελισάβετ κι ότι δεν ήθελε να ακούσει κουβέντα από μένα. Μου ευχήθηκε να καταφέρω να ωριμάσω και να καταλάβω την αξία μου, αντί να προσπαθώ να την πληροφορηθώ και να την πάρω από άλλους. Δεν κατάλαβα πολύ καλά τι ήθελε να πει, αλλά του δικαιολόγησα... λίγη κακία.

Από την άλλη μέρα, ο Άλεξ έβαλε τα δυνατά του να μου δείξει ότι άξιζε όλες τις δυσκολίες που περνούσα. Μου έστελνε καθημερινά λουλούδια και δωράκια και δε σταματούσε να με διαβεβαιώνει ότι αυτός τώρα θα αναλάμβανε την ευθύνη για τη ζωή και την ευτυχία μου!

Το καλοκαίρι στείλαμε την Ελισάβετ στους δικούς μου, για να μπορέσω να ακολουθήσω τον αγαπημένο μου στην περιοδεία του θιάσου του ανά την Ελλάδα. Ομολογώ ότι ήταν ενδιαφέρουσα εμπειρία και μάλλον πέρασα καλά. Για το χειμώνα, ο Άλεξ φιλοδοξούσε να γίνει θιασάρχης. Και τότε μου ήρθε η μεγαλοφυής έμπνευση να του εμπιστευτώ τα χρήματα για την παραγωγή και την πραγματοποίηση του στόχου του.

Δεν ξέρω αν ήμουν αφελής ή πολύ ερωτευμένη... Ο Άλεξ επέδειξε μια απίστευτη επιπολαιότητα όχι μόνο στο θέμα των χρημάτων, αλλά σε όλα τα θέματα της ζωής μας. Τι να πρωτοθυμηθώ; Την απουσία του, όταν εγχειρίστηκε ο πατέρας μου; Ζήτησε συγνώμη, λέγοντας ότι μπέρδεψε την ώρα της επέμβασης. Την κοροϊδία στην Ελισάβετ ότι θα πηγαίναμε στη σχολική γιορτή; Την κοροϊδία σε μένα ότι ήξερε από επιχειρήσεις ή το τεράστιο ρίσκο που πήρε για κάποιον που δεν ήξερε από παραγωγές; Εν πάση περιπτώσει, τα χρήματά μου χάθηκαν, ο Άλεξ κινδύνεψε με φυλάκιση κι οι γονείς μου για πρώτη φορά θύμωσαν μαζί μου.

Ο Άλεξ δεν ήταν κακός, απλά ήταν πολύ επιπόλαιος και υποσχόταν πάντα περισσότερα απ' όσα μπορούσε να πραγματοποιήσει. Αποδείχτηκε τελικά ένας ιππότης με μολυβένια πανοπλία, σαθρή και διάτρητη!

Παράτησα τον Άλεξ και γύρισα πίσω στο πατρικό μου. Είχα ανάγκη να μείνω μόνη μου και να αφιερώσω την προσοχή και την αγάπη μου στην Ελισάβετ, ώσπου να βρω κάποιον να μου φέρει το ***πραγματικό "γοβάκι"*** *ή ίσως να μάθω να το φτιάχνω μόνη μου!*

Ο Πιέρ είναι ένας γλυκός άντρας, τρυφερός και δοτικός που πολύ φυσιολογικά έλκεται από τη Λίζα. Γοητεύεται από την ομορφιά της, από τη φινέτσα της, από την ευγένεια και τη ζεστασιά της. Δεν μπορεί να ξεχωρίσει τη διαφορά ανάμεσα στη φυσιολογική επιθυμία που έχει μια γυναίκα να αγαπηθεί και την απελπισμένη ανάγκη που έχει να γαντζώνεται στον άντρα και να θέλει να ζήσει ένα ρομάντζο έστω και ερήμην του.

Κάποια στιγμή όμως το καταλαβαίνει, το εισπράττει. Μόλις ο χρόνος που αφιερώνει στη Λίζα ελαττώνεται, εκείνη απελπίζεται. Το μεταφράζει σαν αδιαφορία και σαν λιγότερη αγάπη. Έτσι πικραίνεται, θλίβεται, ανησυχεί...

Ο Πιέρ τη συμβουλεύει με αγάπη να βρει τα δικά της ενδιαφέροντα και να επενδύσει σ' αυτά. Προσπαθεί να της πει ότι η ζωή μιας γυναίκας είναι πολύ πιο υγιής κι ενδιαφέρουσα όσο έχει ένα δικό της χώρο δημιουργίας, είτε αυτό λέγεται δουλειά είτε κάποια δημιουργική ενασχόληση. Η Λίζα δεν αρνείται να ασχοληθεί με το σπίτι και την οικογένεια, αλλά... ερασιτεχνικά, απλά για να γεμίζει το χρόνο της ώσπου να αρχίσει η πραγματική ευχαρίστηση, δηλαδή η "ώρα του Πιέρ".

Ο Πιέρ βαραίνει, τη νιώθει σαν βαμπίρ που κρεμιέται πάνω του, περιμένει και πιέζει. Αυτή η απαίτηση και η πείνα της για να τροφοδοτηθεί συναισθηματικά απ' αυτόν κατ' αποκλειστικότητα γίνονται δαμόκλειος σπάθη. Έτσι, σιγά σιγά χάνει το ερωτικό του ενδιαφέρον.

Είναι δύσκολο να διατηρηθεί ο έρωτας, όταν δεν υπάρχει αγάπη, αποδοχή, χαρά και κατανόηση. Ο έρωτας μαραίνεται όπου υπάρχει ανασφάλεια, γκρίνια, ασφυκτικές απαιτήσεις, αίσθηση καθήκοντος κι έλλειψη ελευθερίας.

Ο Πιέρ ερωτεύτηκε τη Λίζα και θέλησε να τη φροντίζει, όπως κάθε ερωτευμένος άνθρωπος. Όταν όμως φορτώθηκε εξ ολοκλήρου την ευθύνη της ζωής της κι αυτό έγινε καθήκον κι απαίτηση, τότε έκανε πίσω.

Η Λίζα αισθάνεται να "απειλείται" από την ταινία του. Δε χαίρεται με τη χαρά του, γιατί δεν έχει **επίκεντρο** την ίδια. Δε συμμετέχει στ' όνειρό του, γιατί δεν την περιλαμβάνει. Αντίθετα θυμώνει, διεκδικεί, νιώθει παραμελημένη και μόνη.

Η στέρηση τη φοβίζει. Δεν ξέρει να ζει χωρίς συνεχή επιδοκιμασία. Δεν περνάει ωραία χωρίς κάποιος να την κάνει κέντρο της ζωής του. Δεν ξέρει μόνη της να περάσει καλά, δε θέλει από μόνη της να ευθύνεται για την ευτυχία της.

Έτσι, πέφτει σαν ώριμο φρούτο στην αγκαλιά του Άλεξ και πληγώνει τον Πιέρ, όχι από κακία, αλλά από απελπισία, θυμό και ανάγκη για κανάκεμα. Πάλι μπαίνει σε λάθος μονοπάτια και πάλι δεν το καταλαβαίνει. Δεν μπορεί να ξεχωρίσει το κάλπικο, το ψεύτικο, το δήθεν. Δεν ξέρει να διακρίνει την επιπολαιότητα.

Πάντα βασιζόταν στην καλή διάθεση του πρίγκιπα. Πάντα ήλπιζε ότι αυτός είναι ο "σωστός". Πάντα περίμενε από εκείνον να της ομορφύνει τη ζωή. Όμως ούτε ο Άλεξ μπορεί να της γεμίσει όλη τη ζωή, όπως είναι πολύ φυσικό, στην ουσία δε νοιάζεται παρά μόνο για τον εαυτό του. Τη Λίζα τη χρειάζεται για να καλύψει τις δικές του ανάγκες, τα δικά του όνειρα και φιλοδοξίες.

Για άλλη μια φορά η Λίζα χάνει τα πάντα χάνοντας το σύντροφό της. Δεν έχει κρατήματα γιατί όλα επενδύθηκαν στη σχέση. Δεν έχει από πού να γεμίσει τις μπαταρίες γιατί όλα ξοδεύτηκαν στον άντρα.

Όμως, παρ' όλα τα τραντάγματα της προσωπικής της ζωής, η Λίζα δεν εγκαταλείπει την κόρη της. Η τρυφερότητα κι η αγάπη της γι' αυτή νικούν την ανασφάλεια και τη συναισθηματική της στέρηση. Είναι καλή μάνα, τουλάχιστον τόσο όσο οι λάθος επιλογές της το επιτρέπουν. Μέσα στο χάος της προσωπικής της ζωής κρατάει τη σχέση με την κόρη της ζωντανή και ζεστή προφυλάσσοντάς την από εντάσεις και κατηγόριες των γονιών, όταν χωρίζουν.

Η Λίζα προσπάθησε να γυρίσει σελίδα και σε αυτή τη φάση της ζωής της ήρθε στο κέντρο Ψ για να ζητήσει τη βοήθειά μας. Ήθελε να μάθει να στηρίζεται στα δικά της πόδια, να τα κάνει γερά, ανθεκτικά και να πάψει να σκαλίζει τις στάχτες στο τζάκι της περιμένοντας... τον "πρίγκιπα".

Μια άλλη παραλλαγή της Σταχτοπούτας είναι η "κυνηγός συζύγων". Πρόκειται για τη γυναίκα που ψάχνει τον καλό σπόνσορα για να εξασφαλίσει το οικονομικό και υλικό της μέλλον. Κάποιες φορές τα πράγματα δεν είναι τόσο κυνικά όσο ακούγονται. Πολλά καθημερινά προβλήματα, ελλείψεις και στερήσεις φέρνουν την κούραση που σπρώχνει την κοπέλα να εναποθέσει τις ελπίδες και τις αναμονές της σε κάποιον άντρα.

Η Μαριλένα είναι μια τέτοια περίπτωση. Τριάντα έξι ετών σήμερα, μεγάλωσε σε μια φτωχή οικογένεια, ακούγοντας τη μαμά να αναθεματίζει τη μοίρα και τη βλακεία της να διαλέξει φτωχό και άχρηστο σύζυγο. Η Μαριλένα στην εφηβεία ερωτεύτηκε τον Χρήστο που, όπως είπε, έμοιαζε καταπληκτικά στον... Κούρκουλο.

Παντρεύτηκαν ένα χρόνο αργότερα, γιατί έμεινε έγκυος, και έζησαν δύσκολα και στερημένα μαζί με τη μαμά του για τέσσερα χρόνια, ανάμεσα σε καβγάδες, γκρίνιες, κλάματα και συμφιλιώσεις. Κάποια στιγμή χώρισαν τελεσίδικα και η Μαριλένα γύρισε με το γιο της στη μητέρα της, αποφασισμένη να αλλάξει σελίδα και νοοτροπία. Η αλλαγή όμως ήταν μόνο στο πρόσωπο· αντί για φτωχό να βρει πλούσιο, αντί για πρίγκιπα να βρει σπόνσορα. Ούτε λόγος για ανάληψη ευθύνης της ζωής της ούτε λόγος για στήριξη στις δικές της δυνάμεις.

Έτσι βρήκε κάποιον μεγάλο σε ηλικία, παντρεμένο άντρα και κούρνιασε δίπλα του, βολεύοντας τον εαυτό της, το γιο και τη μαμά της. Μόνο που αυτός κάποια στιγμή ζορίστηκε και άφησε τη Μαριλένα με λίγα κεκτημένα και πολλές ελλείψεις.

Ας την ακούσουμε όμως να περιγράφει την επόμενη σχέση της και την "αλλαγή" της:

Τότε μια φίλη μου πρότεινε να εργαστώ στο μαγαζί με υγιεινά προϊόντα που διατηρούσε. Η ιδέα μου φάνηκε καλή και συμφώνησα. Στην αρχή ζαλίστηκα, μπερδεύτηκα, κουράστηκα. Ύστερα, όμως, το πήρα σαν παιχνίδι και μάλιστα ιδιαίτερα διασκεδαστικό. Μου άρεσε να βρίσκομαι εκεί και να συμβουλεύω τα νέα κορίτσια πώς να περιποιούνται το πρόσωπό τους, πώς να αναδείξουν με το κατάλληλο βάψιμο την ομορφιά τους, πώς να φροντίζουν το σώμα τους χρησιμοποιώντας αρώματα, αφρόλουτρα και έλαια και πώς να γίνονται θηλυκές και σέξι.

Όλα έμοιαζαν να πηγαίνουν κατ' ευχήν, η μαμά μου ήταν γερή, ο γιος μου υγιής και χαρούμενος, εγώ είχα πάρει ένα δρόμο· μόνο που κατά βάθος με έτρωγε το μαράζι. Κακά τα ψέματα! Οι γυναίκες δεν είναι φτιαγμένες για να είναι μόνες. Η πραγματική ολοκλήρωση και η ασφάλεια έρχεται μέσα από ένα σύντροφο. Κι εγώ δεν τον είχα και ήθελα να τον βρω. Μόνο που αυτή τη φορά θα φρόντιζα να με εξασφάλιζε με γάμο. Ο κλήρος έπεσε στον κύριο Χαρίτο.

Τον είχα ακουστά μόνο από τις επιχειρηματικές του δραστηριότητες, αφού τύχαινε να είναι ο ιδιοκτήτης μιας μεγάλης αλυσίδας καταστημάτων ανά την Ελλάδα με είδη αισθητικής και περιποίησης. Είχε τη φήμη έντιμου επιχειρηματία και μπον βιβέρ.

Ήρθε να μας επισκεφθεί για να αγοράσει τη φίρμα και να την εντάξει στις δικές του επιχειρήσεις. Γιατί όμως ήρθε ο ίδιος να βολιδοσκοπήσει την κατάσταση κι όχι ένας αντιπρόσωπός του; Γιατί, όπως δήλωσε χαμογελώντας, ήθελε να διαπιστώσει αν αλήθευαν οι πληροφορίες του για την ομορφιά μου...

Επιτέλους, ένας σημαντικός άντρας, κοσμοπολίτης και έμπειρος με τις γυναίκες... Είχα υποσχεθεί στον εαυτό μου ότι δε θα του έδινα ιδιαίτερη σημασία για ένα μήνα, για να τον κάνω να επιμείνει. Ο κύριος Χαρίτος όχι μόνο γινόταν πιο επίμονος, αλλά και πιο τολμηρός.

Ένιωθα πως μ' αυτόν τον άντρα θα ολοκληρωνόμουν, ότι θα γινόμουν επιτέλους η σύζυγος κάποιου για τον οποίο θα ήμουν πολύ περήφανη κι αυτός θα ήταν πάντα δίπλα μου ισχυρός, δυναμικός, προστατευτικός. Ήμουν σίγουρη ότι με ήθελε πολύ, ότι με είχε ερωτευτεί. Ο κύριος Χαρίτος πέρασε το τεστ αντοχής, ένα μήνα αργότερα έγινε Σταύρος και δεκαπέντε μέρες μετά... "αγάπη μου".

Τι άλλο να πω γι' αυτόν πέρα από το ότι μου έδειξε έναν πολύ πλούσιο άνθρωπο, και δεν εννοώ μόνο υλικά – που κι αυτό μετράει, κακά τα ψέματα! Εκτός από τα πολύ καλόγουστα, μοναδικά δώρα του, δε σταματούσε να με κομπλιμεντάρει, να με παρουσιάζει ως το όγδοο θαύμα της ζωής του. Εκείνη τη χρονιά, πριν το γάμο μας, ένιωθα λίγο σαν να ζούσα σε σαπουνόπερα με χάπι εντ και χωρίς προβλήματα.

Κάποια στιγμή, όμως, σιγά σιγά το όνειρο άρχισε να ξεθωριάζει. Ο Σταύρος συνέχισε να είναι ευγενικός και κύριος. Φρόντιζε να μη λείπει τίποτε ούτε από μένα ούτε από το γιο μου. Ψωνίζαμε από τα καλύτερα καταστήματα όχι μόνο στην Αθήνα, αλλά και στο Μιλάνο, στο Λονδίνο, στη Ρώμη και το Παρίσι. Κάναμε διακοπές στα καλύτερα ξενοδοχεία της Ελλάδας, δειπνούσαμε στα πιο σικ εστιατόρια και ανοίγαμε το σπίτι μας στους πιο κοσμικούς Αθηναίους.

Όμως το κενό μέσα μου δεν έλεγε να γεμίσει. Πολύ συχνά στην αρχή, μόνιμα αργότερα, είχα την άσχημη αίσθηση ότι ήμουν μόνη μου, παραμελημένη. Από κει που ήμουν βασίλισσα στην καρδιά του, ένιωθα να μεταβάλλομαι σε ένα παλιό ξεχασμένο τρόπαιο. Λες και ο Σταύρος έχασε όλη εκείνη τη φλόγα και τη ζωντάνια που είχε πριν παντρευτούμε. Λες και έπαψε να έχει *ενδιαφέρον γι' αυτό που απέκτησε... μιας και ήταν πια δεδομένο!*

Κάποιες φορές φώλιαζαν μέσα μου οι υποψίες. Όταν τον έβλεπα να κοιτάζει κάποια άλλη γυναίκα όπως κοίταζε εμένα στις αρχές της γνωριμίας μας, όταν αρνιόταν έντεχνα να τον συνοδέψω σε "επαγγελματικά ταξίδια" του, όταν τα μίτινγκ της δουλειάς πύκνωναν και μεγάλωναν!

Έκανα πολλές προσπάθειες να ανανεώσω το ενδιαφέρον του άντρα μου. Ακολουθούσα όλα όσα λένε οι ειδικοί και τα περιοδικά: σέξι νεγκλιζέ, ποτό, αισθησιακή μουσική, μόνοι στο σπίτι για τρέλα και φαντασία. Ο Σταύρος ανταποκρινόταν, θερμά συνήθως, με μια διάθεση όμως που θα είχε ενδεχομένως και απέναντι σ' ένα ακριβό κολ γκερλ. Με πόθο κι επιθυμία, αλλά χωρίς έρωτα κι αγάπη. Άρχισα να αναρωτιέμαι αν η ευτυχία ήταν τελικά ουτοπία ή αν εγώ ήμουν τόσο απελπιστικά άτυχη.

Και τότε βρήκα, ή νόμισα πως βρήκα, την απάντηση στα χείλη του Μάριου. Ο Μάριος! Ευγενής, ρομαντικός, ονειροπόλος· καθηγητής αρχαίων του γιου μου, πάντα διακριτικός κι αθόρυβος. Γλυκός, ήρεμος, σχεδόν ντροπαλός, άρχισε σιγά σιγά να καταθέτει στα πόδια μου την αφοσίωσή του. Μιλούσαμε, γελούσαμε, ονειρευόμασταν, προβληματιζόμασταν. Πίστευε στη ρομαντική αγάπη, στον έρωτα, στην αιωνιότητα.

Τρεις μήνες αργότερα μου άφησε το πρώτο του γράμμα. Τα γράμματα κάθε Πέμπτη γίνονταν ολοένα και πιο θερμά, πιο εκδηλωτικά, πιο καθαρά. Με ήθελε, με ποθούσε, μ' αγαπούσε "με όλη του τη φλόγα, τη δύναμη, τη ζωή", όπως έγραφε...

Αχ, να ξέρατε πόσο δύσκολο ήταν να αντισταθώ σ' αυτή την κρυμμένη ορμή... Μου θύμισε εκείνο τον πρώτο μου έρωτα για τον Χρήστο. Με πήγε χρόνια πίσω στο ερωτικό καρδιοχτύπι, στα τρέμουλα και τις συγκινήσεις.

Μόνη και παραμελημένη, όπως ένιωθα, δέχτηκα τον έρωτα αυτού του όμορφου, ρομαντικού άντρα. Ένα χρόνο τώρα ζω την κρυφή μας ιστορία. Τα ξενοδοχεία έγιναν για μας το "παλάτι" μας, οι ώρες που βρισκόμαστε μαζί "στιγμές αιωνιότητας" κι η παράνομη σχέση μας "πεπρωμένο".

Όταν κανείς ζει μια τέτοια αγάπη, πρέπει να την τιμήσει, πρέπει να της δείξει ότι τη θεωρεί εύνοια της τύχης, πρέπει να τη ζήσει απόλυτα και βαθιά, όπως της αξίζει. Όμως από την άλλη νιώθω αδύναμη να αφήσω τον Σταύρο και όσα μου παρέχει. Δεν μπορώ να τινάξω στον αέρα όλη μου τη ζωή. Νιώθω τόσο μόνη και τόσο θλιμμένη! Τι ζήτησα αλήθεια στη ζωή και μου το αρνήθηκε; Έναν άντρα να με αγαπήσει, να με φροντίζει και να με κάνει να νιώθω ασφάλεια.

Ο γιος μου λέει πως τώρα οι γυναίκες που δεν έχουν οικονομική ανάγκη τους άντρες, μπορούν να μάθουν να στέκονται στα πόδια τους και να πάρουν τη ζωή τους στα χέρια τους μόνες, για να επιλέξουν σύντροφο κι όχι κατακτητή. Ο γιος μου όμως ανήκει σ' άλλη γενιά, πιο κυνική, πιο αδιάφορη, που τα βρίσκει όλα έτοιμα. Δεν μπορεί να καταλάβει πόσο πιο εύκολη κάνει τη ζωή σου η ύπαρξη ενός άντρα! Πόσο όμορφα είναι όταν το ένα μισό ενώνεται με το άλλο! Δεν ξέρω πια τι να πω! Νιώθω μπερδεμένη, χαμένη, κενή και μόνη... τόσο μόνη...

Η Μαριλένα προσπάθησε να γίνει κυνική και να κοιτάξει το συμφέρον της. Προσπάθησε να πνίξει τη Σταχτοπούτα μέσα της και να βγάλει στην επιφάνεια την καπάτσα που πετυχαίνει "λαβράκι" γαμπρό. Όμως, παρ' όλη την "αλλαγή", πρόβαλε κάποια στιγμή η ανάγκη της για ρομάντζο.

Οι συναισθηματικές ελλείψεις ξυπνούν στην καρδιά της την έφηβη που καρδιοχτυπά για το ρομαντικό τροβαδούρο. Όμως εγκλωβίζεται σ' αυτό που νομίζει δίλημμα: να αφεθεί στον πρίγκιπα ή να μείνει στο σπόνσορα; Ψεύτικο δίλημμα μια και οι δύο περιπτώσεις προϋποθέτουν ότι ούτως ή άλλως θα δοθεί σε κάποιον, **κάποιος άλλος** θα την αναλάβει, σε κάποιον άλλο θα δώσει τα κλειδιά της ευτυχίας της.

Οι γυναίκες Σταχτοπούτες κουμπώνουν με άντρες που είναι πρόθυμοι, θέλουν να τις αναλάβουν. Όμως συνήθως είναι αυτοί που στην ουσία υποτιμούν τη γυναίκα θεωρώντας την άξια για λάντζα ή για... διακόσμηση. Οι ευγενικοί τρόποι, τα κομπλιμέντα ή τα μεγάλα λόγια τους είναι μόνο η επιφάνεια που όχι μόνο δεν ανταποκρίνεται στην πραγματική οπτική τους για τη γυναίκα, αλλά συχνότατα έχει σκοπό να τη σκλαβώσει πιο εύκολα κι ανώδυνα. Η Σταχτοπούτα μπερδεύει αυτόν που είναι ευγενικός, σέβεται και τιμάει τη γυναίκα μ' αυτόν που χαμογελάει απλά για να "δαγκώσει" καλύτερα.

Όποιοι άντρες θεωρούν τη γυναίκα **επί της ουσίας** άξιο και ισότιμο σύντροφό τους, το δείχνουν στην καθημερινότητα και τις πράξεις τους. Σεβασμός και αγάπη πηγάζουν απ' τις κουβέντες του συντρόφου κι απ' τη συμπεριφορά του, από το πώς θα μοιραστεί το χρόνο του, από το πώς θα αξιολογήσει την προσφορά της γυναίκας του, από το αν και κατά πόσο θα κάνει προσπάθεια να διατηρηθεί η φλόγα του έρωτα, απ' την ενθάρρυνση που θα της δώσει, από τον τρόπο που θα της μιλήσει μπροστά στα παιδιά ή στους φίλους, απ' τη σχέση που θα διαμορφώσει με τους γονείς τους, από χιλιάδες πράγματα, άλλα λιγότερο κι άλλα περισσότερο σημαντικά.

Είναι σπάνιο και δύσκολο να υπάρξει άντρας που θα "αναλάβει" τη γυναίκα και δε θα την υποτιμήσει.

Όσο αισθάνεται μάγκας, αφέντης κι αρχηγός, τόσο θα υπερηφανεύεται και θα το δείχνει. Και ως γνήσιος πρωταγωνιστής Άρλεκιν θα κραυγάζει "Μικρή ανόητη, δεν είσαι σε θέση να ξέρεις τι θέλεις". Και η "μικρή ανόητη" θα πεταρίζει τις βλεφαρίδες συγκινημένη και ανακουφισμένη που βρέθηκε κάποιος να ξέρει καλύτερα απ' αυτήν τι είναι καλό γι' αυτή.

Όταν η Σταχτοπούτα καταλαβαίνει ότι οι πρίγκιπες δεν έχουν και πολλή προκοπή, έρχεται αντιμέτωπη με την ευθύνη της ζωής της. Όμως δεν έχει μάθει, δεν ξέρει, δε θέλει, φοβάται να πάρει αυτή την ευθύνη.

Κατά βάθος, η Μαριλένα φοβάται ότι δε θα καταφέρει να οδηγήσει σωστά τη ζωή της, κρίνοντας τον εαυτό της ανάξιο να αναλάβει την ευθύνη. Είναι σαν να έχει πειστεί ότι είναι ανίκανη, ανήμπορη να τη χειριστεί με επιτυχία. Κάποιος άλλος ξέρει καλύτερα, η ίδια... μάλλον θα αποτύχει.

Η υποκειμενική αίσθηση της προσωπικής της αξίας είναι μηδαμινή και γεννά το φόβο και την αδυναμία να πάρει ευθύνες. Φοβάται να ρισκάρει, να κάνει επιλογές, να τις υποστηρίξει και να αναλάβει την ευθύνη τους, γιατί δε γνωρίζει ούτε έχει μετρήσει ποτέ τις δυνάμεις της.

Δεν έχει μάθει να αντιμετωπίζει τον εαυτό της με σεβασμό κι αγάπη. Δεν τον υπολογίζει και δεν τον νοιάζεται. Είναι έτοιμη να τον υποδουλώσει σ' έναν άντρα γιατί δεν ξέρει πως είναι **ικανή και η ίδια** να του δώσει ευτυχία. Κι αν δεν ξέρει το πώς, θα το μάθει.

Υπάρχει ένα σημαντικό κομμάτι ευτυχίας που εμείς οι ίδιοι δημιουργούμε και κανείς άλλος δεν μπορεί να μας δώσει ή να μας στερήσει. Υπάρχει ένα κομμάτι που γεννιέται απ' τη δική μας προσπάθεια να κάνουμε το φίλο που λέγεται εαυτός μας να περνάει καλά. Κι ύστερα οι άλλοι θα αναλάβουν το δικό τους κομμάτι για να τη συμπληρώσουν και να την ολοκληρώσουν.

Αν εμείς φτιάξουμε το δικό μας "προσωπικό κήπο" με αγάπη και φροντίδα, είναι σίγουρο ότι ποτέ κανείς δε θα μπορέσει να τον υποδουλώσει. Αν εμείς νιώσουμε ότι αξίζουμε, τότε κι οι άλλοι θα εισπράξουν και θα επιστρέψουν αυτό που αισθανόμαστε.

Η ερωτική ευτυχία χτίζεται σε γερά θεμέλια, όταν οι δύο σύντροφοι είναι ανεξάρτητες μονάδες που αγαπούν, σέβονται και υπολογίζουν τον εαυτό τους, που ξέρουν να περνούν καλά **και** χωριστά. Δεν κρεμιούνται ο ένας στον άλλο, δεν κουκουλώνουν στη σχέση τις ανασφάλειες, τα μυστικά και τις ανάγκες τους. Διαλέγουν να είναι μαζί όχι σαν το αυτοκόλλητο ντουέτο, αλλά σαν δύο ανεξάρτητοι άνθρωποι που περνούν μαζί ακόμη καλύτερα απ' ό,τι μόνοι. Ξέρουν να ζουν ως μονάδες και να κάνουν τη μοναξιά ηρεμία και δημιουργία, γι' αυτό και ξέρουν να απολαμβάνουν καλύτερα και εντονότερα το μεταξύ τους χρόνο. Η συντροφική πορεία τους δε συγκρούεται με την προσωπική. Μπορούν να συνυπάρχουν αρμονικά και να συμπληρώνουν η μια την άλλη.

Η **ερωτική** ευτυχία είναι υπόθεση για δύο και χρειάζεται δύο για να φυτρώσει, δύο για να ωριμάσει, να μεγαλώσει και δύο για να ανθίσει και να αντέξει στο χρόνο, στη φθορά, στα εμπόδια, στις αναποδιές. Δεν είναι κάποια μαγική συνταγή ούτε κρύβει πολύπλοκα μυστικά. Θέλει απλά δύο ευτυχισμένους ανθρώπους με αυτοσεβασμό και αυτογνωσία, διατεθειμένους να αγαπήσουν, να ποθήσουν, να παλέψουν για ό,τι δικαιούνται και αξίζουν. Δύο ανθρώπους μοναδικούς και υπέροχους όπως όλοι μας...

Τέταρτη παγίδα:
Το κρεβάτι του Προκρούστη

Η γυναίκα Προκρούστης έλκεται από άντρες τους οποίους μπορεί να υποτάξει, εκείνους που θα την αφήσουν να γίνει αρχηγός τους. Είναι άντρες που –με τα κριτήριά της– έχουν κάποιο ελάττωμα, κάποια μειονεξία ή αδυναμία, που τους κάνει να μην μπορούν να μπουν ισότιμα στην κούρσα διεκδίκησης της ευτυχίας.

Πιστεύει ότι όποιος δεν είναι αρτιμελής, όμορφος, έξυπνος, μορφωμένος, πλούσιος, νέος και πετυχημένος **πρέπει** να είναι ευχαριστημένος με ό,τι του προσφέρεται κι ας μην το θέλει πραγματικά. Στο βάθος υποτιμάει τον εκάστοτε σύντροφό της και τον βλέπει σαν έναν υποψήφιο για το κρεβάτι του Προκρούστη. Πιστεύει ότι όταν είναι με έναν “ελαττωματικό” ή “μειονεκτικό” άντρα, σιγουρεύει την αφοσίωσή του, την πίστη του, την αγάπη του. Άρα μπορεί να νιώσει ασφαλής. Κάποιες φορές δεν το σκέφτεται καν. Έλκεται από κάποιον μειονεκτικό αυτόματα, έχοντας μάθει να λειτουργεί και να φτιάχνει σχέσεις μ' αυτόν τον τρόπο. Έτσι ικανοποιεί την ανάγκη της να αποδεικνύει την εξουσία και την κυριαρχία της, τη δύναμή της, ό,τι δηλαδή την κάνει να νιώθει σημαντική, να αξίζει, να μετράει, να είναι επιτυχημένη.

Ο έλεγχος του συντρόφου της είναι απαραίτητος σαν το οξυγόνο. Τον πετυχαίνει με αναμόρφωση του "ελαττωματικού", με χειραγώγησή του, με προσφορές μεγαλόψυχου τύπου, με ρόλο οργανωτή και ρυθμιστή της ζωής του. Παίρνει στα χέρια της την τύχη του και προσπαθεί να καθορίζει τις επιλογές του.

Το σεξ δεν παίζει ιδιαίτερο ρόλο στη ζωή της. Οι γυναίκες με την ανάγκη ελέγχου μπορεί να κάνουν σεξ διεκδικητικά, επιθετικά, έντονα, ιδιαίτερα ερωτικά, αλλά χωρίς ουσιαστικό πάθος, συναίσθημα ή δόσιμο. Ή μπορεί να δώσουν στο σεξ πολύ μικρή σημασία, μιας κι οι άλλοι τρόποι ελέγχου είναι εξίσου αφροδισιακοί γι' αυτήν.

Οι άντρες της ζωής της έλκονται καταρχάς από το δυναμισμό και τη ζωντάνια της. Όταν όμως αυτά τα γοητευτικά χαρακτηριστικά της μετατρέπονται σε στυγνή κυριαρχία, σφιχτό έλεγχο και καταπίεση, τότε αντιδρούν, ο καθένας με το δικό του διαφορετικό τρόπο.

Η Λένα είναι μια γυναίκα 45 ετών, πολύ καλή επαγγελματίας, ζωντανή και δραστήρια. Μεγάλωσε με το μήνυμα "Πάρε τον αέρα του άλλου για να μη στον πάρει αυτός". Έμαθε ότι η ζωή είναι πόλεμος, άρα πρέπει να αποκτήσει καλά όπλα και άρτιο εξοπλισμό. Έμαθε να μάχεται για να νιώθει άξια και νικήτρια. Ο ορθολογισμός, ο προγραμματισμός και η πειθαρχία έγιναν τα μέσα της για να παλεύει καλύτερα και να νικάει.

Η Λένα μεγάλωσε αρκετά... πρόωρα. Πολλές φορές η τύχη τα φέρνει έτσι που τα πράγματα αλλάζουν γρήγορα κι απροσδόκητα σε μια οικογένεια. Έτσι δεν είναι πάντα εύκολη η προσαρμογή στις νέες καταστάσεις ούτε η προσγείωση ομαλή και απρόσκοπτη. Η μαμά της Λένας έπρεπε να επιβιώσει οπωσδήποτε για χάρη των παιδιών της. Πίστεψε ότι έπρεπε να θυσιάσει την "πολυτέλεια" της ξενοιασιάς, της χαράς, των τρυφερών αισθημάτων για να κερδίσει επιβίωση κι αξιοπρέπεια. Απαίτησε από τον εαυτό της το αδύνατο κι αυτό περίμενε κι απ' τους άλλους. Έβαλε στην οικογένεια κανόνες και νόμους σκληρούς και άκαμπτους: σοβαρότητα, υπευθυνότητα, χρήσιμος χρόνος, αυτοσυγκράτηση, πειθαρχία. Δεν επιτρέπονταν τα λάθη και οι αδυναμίες. Μόνο έτσι πίστευε ότι θα επιβίωναν. Ένιωθε μόνη και υπεύθυνη για πολλά, ίσως περισσότερα απ' ό,τι μπορούσαν να σηκώσουν οι ώμοι ενός ανθρώπου. Κέρδισε σε δύναμη, σήκωσε τα βάρη, αλλά έχασε τη χαρά της ζωής, το χάδι, τη γλύκα, την τρυφερότητα.

Έμαθε στα παιδιά της ότι η ζωή είναι ζούγκλα γιατί έτσι τη βίωσε, όταν έμεινε μόνη κι αβοήθητη. Πάντα περίμενε να ξεπεταχτούν λιοντάρια και τίγρεις έτοιμα να τους κατασπαράξουν και να τους εξοντώσουν. Γι' αυτό δίδαξε στα παιδιά της ετοιμότητα κι επίθεση. Έπρεπε απ' την αρχή να παρουσιάζονται σαν νικητές γιατί έτσι θα τους δέχονταν και οι άλλοι. Έπρεπε να κρύβουν τις αδυναμίες τους για να μην τις ξέρει ο εχθρός, έπρεπε να ελέγχουν τα πάντα για να εξασφαλίζουν τη νίκη και την επιβολή τους.

Η Λένα ήταν η πιο πιστή και άριστη μαθήτρια. Δεν αμφισβήτησε, δεν απέρριψε ποτέ τίποτα απ' όσα η μαμά δίδαξε. Υπάκουσε σε όλα γιατί έτσι νόμιζε ότι της έδειχνε σεβασμό κι εκτίμηση. Μπέρδεψε το σεβασμό με την υπακοή, ένα συχνό λάθος που κάνουν τα παιδιά απέναντι στους γονείς τους.

Η Λένα δε χάρηκε παιδική ξενοιασιά, γνώρισε μόνο καθήκοντα και υποχρεώσεις. Είναι καλό για τα παιδιά να μαθαίνουν την υπευθυνότητα, αλλά όταν συνοδεύεται από παιχνίδι, χαρά και διασκέδαση. Τη Λένα την "ωρίμασαν" πριν την ώρα της, την τράβηξαν σχεδόν με το ζόρι για να γίνει ένας μικρός ενήλικας. Έχασε το δικαίωμα που έχουν όλα τα παιδιά στη χαρά, στη χαλαρότητα, στα λάθη και τις ανοησίες.

Έμαθε να είναι σημαντική με το να εξουσιάζει τους άντρες, με το να είναι η δυνατή, εκείνη που θα αλλάξει τη ζωή τους αναμορφώνοντάς τους. Έτσι τους έλεγχε, έτσι επιβαλλόταν και εξασφάλιζε την ασφάλεια που τόσο επιθυμούσε. Ήθελε να εξουσιάζει γιατί τότε ένιωθε δυνατή, ήθελε να έχει το πάνω χέρι για να νιώθει ασφαλής.

Η ίδια μας εξομολογήθηκε:

Δε νομίζω ότι υπάρχουν πολλά, ούτε ιδιαίτερα ενδιαφέροντα να πω για την οικογένειά μου. Ο πατέρας μου, ένας πολύ μερακλής με τις γυναίκες άντρας, μας παράτησε όταν ήμουν δέκα χρονών, αφήνοντας στη μητέρα μου το δύσκολο καθήκον να μεγαλώσει μόνη και χωρίς βοήθεια τα δύο αγόρια της κι εμένα. Και τα κατάφερε θαυμάσια.

Έμαθα, με λίγα λόγια, να αναλαμβάνω ευθύνες, να βοηθάω, αλλά και να επιβάλλομαι. Ήμουν αυστηρή τόσο μ' εμένα όσο και με τους άλλους ώστε να γίνονται όλα σωστά κι όπως πρέπει. Έμαθα να κρύβω τον πόνο μου και να τον μετατρέπω σε δουλειά. Χρόνος για παρέες και χαζολόγημα δεν υπήρχε, κάτι που ούτε με στενοχωρούσε ούτε μου έλειπε. Μοναδική εξαίρεση ο Αργύρης, ο συνομήλικος γείτονάς μου. Με τον Αργύρη μοιάζαμε πολύ. Γεννήθηκε τυφλός και πολύ γρήγορα οι γιατροί αποφάνθηκαν ότι δεν υπήρχαν ελπίδες αποκατάστασης. Όμως αυτός δεν το έβαλε κάτω. Στη σχολή τυφλών έμαθε όλα τα απαραίτητα για την αυτοεξυπηρέτησή του, αλλά ανέπτυξε και ικανότητες και ταλέντα. Ήδη από τα δεκαέξι του συνέλαβε το σχέδιο του "Αργυρόκοσμου", μια μικρή γωνιά όπου θα σέρβιρε τσάι και... μουσική. Μέσα σε δύο χρόνια οργάνωσε τη δουλειά του: βρήκε τριάντα είδη τσαγιού με σπάνιες γεύσεις, η μαμά του ανέλαβε τις σπιτικές πίτες και απέκτησε μια συλλογή από μουσικές του κόσμου.

Μη νομίσετε όμως ότι κι εγώ υστερούσα σε δραστηριότητες εκτός σχολείου και νοικοκυριού. Επειδή τα χρήματα δεν περίσσευαν στο σπίτι, για να πληρώσω το φροντιστήριό μου παρέδιδα μαθήματα σε παιδάκια της γειτονιάς, μάθαινα μόνη μου αγγλικά –με μέθοδο άνευ διδασκάλου– και συμπαραστεκόμουν ενεργά στον Αργύρη.

Όταν γίναμε δεκαοκτώ χρονών, γιορτάσαμε διπλά... Τα εγκαίνια του "Αργυρόκοσμου" και την επιτυχία μου στο πανεπιστήμιο. Ο Αργύρης γρήγορα πέτυχε στη δουλειά του και ομόρφαινε πια επικίνδυνα, έδειχνε μεγαλύτερη αυτοπεποίθηση και σεξαπίλ!

Ομολόγησα στον εαυτό μου ότι ήμουν ερωτευμένη μαζί του κι ότι ήταν καιρός να ασχοληθώ με τη γυναικεία μου φύση, με τις ανδρικές του ορμόνες και τη σεξουαλική απόλαυση. Άρχισα να διαβάζω μανιωδώς ό,τι έντυπο υπήρχε για το σεξ –το "Ό,τι θέλετε να μάθετε γύρω απ' το σεξ" έγινε το ευαγγέλιό μου– να στήνω αυτί σε κάθε σχετική συζήτηση και να ψάχνω κρυφά κινηματογραφικές προβολές με μαθήματα σεξ, έστω και με τον Γκουσγκούνη! Αφού αυτές τις πηγές εκμάθησης διέθετε η εποχή εκείνη, αυτές αξιοποιούσα!

Για την "αποπλάνηση" διάλεξα την ημέρα των εικοστών γενεθλίων μου, 10 Δεκεμβρίου...

Όλα πήγαν ρολόι ως τη στιγμή που με παρέα την υπέροχη Αμάλια Ροντρίγκες, του εξομολογήθηκα τον έρωτά μου κι έσκυψα να τον φιλήσω!

Πώς φαντάζεστε ότι αντέδρασε ο... απίστευτος; Ίσα ίσα που μου ανταπέδωσε το φιλί κι ύστερα με απώθησε απαλά και μου ξεστόμισε τα πιο απίθανα λόγια που θα 'βαζε ανθρώπου νους. "Γλυκιά μου Λένα, σ' αγαπώ στ' αλήθεια πολύ, σαν αδελφή μου, σαν ένα δικό μου άνθρωπο, καλύτερα ίσως κι από συγγενή. Θα ήταν πολύ εύκολο σήμερα να δεχτώ την επιθυμία σου, στο κάτω κάτω και το δικό μου σώμα έχει ανάγκες, έχω κι εγώ ορμές, όμως θα ήταν άδικο για σένα γιατί δεν είμαι ερωτευμένος. Ας συνεχίσουμε να είμαστε φίλοι, εγώ τουλάχιστον θέλω να είμαι για σένα, κι ας ευχηθούμε ο ένας στον άλλο ευτυχία, τόση και τέτοια που μας αξίζει..."

Έμεινα άφωνη. Ήταν δυνατόν; Ποια άλλη γυναίκα θα τον ήθελε; Τι νόμιζε; Ότι όλες ήταν σαν κι εμένα; Δεν καταλάβαινε ότι δύσκολα θα έβρισκε άλλη που να ξεπεράσει την αναπηρία του; Ποιος νόμιζε ότι ήταν τελικά; Το θράσος κι η βλακεία του με θύμωσαν πολύ... Πόνεσα όμως και πολύ! Είναι τόσο σκληρό να σε παρατάνε, να μη σε θέλουν.

Μετά από εκείνο το βράδυ, δεν ήθελα να τον ξαναδώ ούτε να του ξαναμιλήσω. Όμως μου έλειπε... Ξαφνικά η ζωή μου απέκτησε ένα μεγάλο κενό που δεν ήξερα ή δεν ήθελα να γεμίσω.

Την άνοιξη ήρθε σαν κεραυνός και το μεγάλο νέο: ο Αργύρης ερωτεύτηκε την Όλγα, μια κοπελίτσα που έπαιζε πιάνο μία φορά την εβδομάδα στην τσαγερί. Και το καταπληκτικό; Τον ερωτεύτηκε κι αυτή. Ε, τελικά για όλους υπάρχει Θεός...

Βαθιά μέσα μου ήθελα να πιστεύω ότι η "ευαίσθητη πιανίστρια" θα τον παρατούσε, όταν θα βαριόταν να παίζει με "κάτι αλλιώτικο" όπως ο Αργύρης. Και τότε εκείνος, πονεμένος και πληγωμένος, θα έψαχνε παρηγοριά σε μένα καταλαβαίνοντας το λάθος της επιλογής του.

Όμως τα γεγονότα με διέψευσαν. Ο Αργύρης και η Όλγα παντρεύτηκαν δύο χρόνια αργότερα. Στο γάμο δεν πήγα, ούτε θέλησα να ξαναδώ τον Αργύρη. Η απόρριψή του εξακολουθούσε να μου δημιουργεί απορία, πόνο και θυμό. Παρ' όλα αυτά, προσπάθησα να ξανοιχτώ σε νέες γνωριμίες στη σχολή μου. Όλοι όμως μου φαίνονταν ανούσιοι κι ασήμαντοι, χωρίς περιεχόμενο και ποιότητα.

Η μαμά μου μπορεί να ήταν ενδεχομένως σκληρή, αλλά εγώ πιστεύω ότι χρειαζόμαστε πάντα κάποιον να εντοπίζει τις αδυναμίες μας για να μπορούμε να τις ξεπερνάμε. "Πρέπει να γίνεσαι σκληρός και να μην αφήνεις τους άλλους να βλέπουν τις αδυναμίες σου" έλεγε πάντα η μητέρα μου. Ήταν επίσης δίκαια και σωστή στην κρίση της. Χάρη σ' αυτήν, κατά ένα μεγάλο μέρος, πέτυχα επαγγελματικά και στάθηκα στα πόδια μου συναισθηματικά, ξεπέρασα τον Αργύρη και στα είκοσι πέντε μου γνώρισα κι αγάπησα τον Βασίλη, έναν πολύ ευαίσθητο, συναισθηματικό και σπάνιο άντρα.

Αργύρης: Όμορφος, καλλιεργημένος, διαθέσιμος. Ο Αργύρης είναι απ' την αρχή για τη Λένα ο πιο πρόσφορος στόχος: γείτονας, άρα οικείος, τυφλός, άρα έτοιμος για εκπτώσεις, είχε την ανάγκη της, άρα ώριμο φρούτο για να της αφοσιωθεί. Κάνει σχέδια και προγράμματα στο μυαλό της, χωρίς να τον βάλει μέσα σ' αυτά.

Αποφασίζει για το μέλλον τους ερήμην του. Θεωρεί ότι τον θέλει, ότι τον αγαπάει, ότι είναι ερωτευμένη μαζί του, όμως δεν τον αντιμετωπίζει ισότιμα. Τον βλέπει σαν άνθρωπο δεύτερης κατηγορίας, στον οποίο **κάνει την τιμή** να διαθέσει τον εαυτό της. Και φυσικά υποθέτει ότι εκείνος πρέπει να το δεχτεί με ευγνωμοσύνη, ανταποδίδοντάς της με πίστη και υποταγή.

Όμως ο Αργύρης έχει αρκετά υψηλή αυτοεκτίμηση κι έχει χειριστεί την αναπηρία του με πολύ θετικό, υγιή τρόπο. Θεωρεί ότι είναι ισότιμα δικαιούχος στην αγάπη, στον έρωτα, στη ζωή. Μπαίνει επί ίσοις όροις στα πράγματα της ζωής και διεκδικεί αυτό που πιστεύει και νιώθει να του αξίζει.

Ανταμείβεται με την επιτυχία, τόσο στη δουλειά του όσο και στην προσωπική, ερωτική του ζωή, όπως ο καθένας που αγωνίζεται και τολμάει να διεκδικήσει τα δικαιώματα που η ζωή φυλάει ανεξαίρετα σε όλους μας.

Για τον Αργύρη, η "προσφορά", το "δώρο" που η Λένα νομίζει ότι του κάνει, είναι κάτι που δεν τον κινητοποιεί. Δεν είναι ερωτευμένος μαζί της και το εκφράζει, γιατί πιστεύει στον έρωτα, τον θέλει στη ζωή του και σκοπεύει να τον κυνηγήσει.

Όταν η Λένα εισπράττει το ερωτικό **όχι** του Αργύρη, μπερδεύεται, σοκάρεται, θυμώνει. Της είναι πολύ δύσκολο να κατανοήσει τον τρόπο που εκείνος σκέφτεται, της είναι ξένος, περίεργος και αντιτίθεται στο δικό της, αριθμητικά δομημένο, που λέει "Είσαι σε μειονεκτική θέση; Τότε δε δικαιούσαι να θέλεις και να ελπίζεις." Απορεί, δυσκολεύεται να καταλάβει πώς και γιατί ο Αργύρης δε νιώθει μειονεκτικά. Όσο σκληρή είναι με τον εαυτό της, τόσο γίνεται και με τους γύρω. Δεν ανέχεται την αδυναμία, το ελάττωμα, την έλλειψη. Πιστεύει ότι όποιος έχει όλα αυτά, πρέπει να συμβιβάζεται, να κάνει εκπτώσεις και να βάζει τον πήχη χαμηλά στα όνειρα και τις φιλοδοξίες του, να επιθυμεί τα ελάχιστα και να ευχαριστιέται με ψίχουλα.

Όταν ο Αργύρης λειτουργεί με σημαντική αυτοεκτίμηση, η Λένα θυμώνει. Θυμώνει επίσης με την άλλη γυναίκα που της παίρνει το "κτήμα" της, θυμώνει με το θύμα που δε φέρεται σαν θύμα. Θυμώνει με όλους και με όλα γιατί δεν ανταποκρίθηκαν στον τρόπο που σκέφτηκε πως θα έπρεπε να φερθούν και να ζήσουν.

Και η Λένα συνεχίζει:

Τον ξεχώρισα με το "χαίρω πολύ", όταν συστηθήκαμε στο φουαγιέ του θεάτρου ενός πρωτοποριακού θιάσου. Η άποψή του για το έργο ταίριαζε με τη δική μου. Αυτό μας έφερε πιο κοντά, τόσο πολύ, που τόλμησα να του προτείνω να κάνουμε την επόμενη θεατρική εξόρμηση παρέα... Δέχτηκε κι εγώ ευτύχησα!

Αν μιλήσουμε ανοιχτά, τότε θα έλεγα ότι μάλλον εγώ έκανα το πρώτο βήμα, τυπικά τουλάχιστον. Ίσως ακόμη να είχα την πρωτοβουλία και στη συνέχεια, γιατί ο Βασίλης ήταν άνθρωπος χαμηλών τόνων, λίγο συνεσταλμένος, λίγο εσωστρεφής έως και μελαγχολικός. Αυτό όμως μου άρεσε πάρα πολύ, γιατί ένιωθα ότι είχε ποιότητα κι ότι θα μπορούσε να μ' αγαπήσει και να με κάνει να τον εμπιστευτώ.

Ο Βασίλης ήταν ανοιχτός και διατεθειμένος να μου παραδοθεί άνευ όρων. Δεν έκανε τίποτα χωρίς να ζητήσει τη γνώμη και τη βοήθειά μου, γιατί με είχε πραγματικά ανάγκη, μιας κι η ζωή του ήταν σε μόνιμη στασιμότητα και τέλμα.

Έξι μήνες αργότερα, η δουλειά του Βασίλη –ήταν γραφίστας– αυξήθηκε σημαντικά και τα έσοδά του σχεδόν διπλασιάστηκαν. Ένιωθα ιδιαίτερα χαρούμενη, γιατί πίστευα ότι άξιζε ό,τι καλύτερο και ήταν κρίμα να μην του αναγνωρίζεται.

Ο Βασίλης, απ' την πλευρά του, έδειχνε φαινομενικά να χαίρεται τις αλλαγές και τις βελτιώσεις της ζωής του, όμως δεν κοιμόταν επαρκώς για να έχει ενέργεια, έτρωγε σαν πουλάκι και ήταν συνέχεια αφηρημένος και λιγομίλητος.

Κάποιες στιγμές το απέδιδα στην καλλιτεχνική του ιδιοσυγκρασία, όμως κάποιες άλλες με έζωναν τα φίδια. Μήπως δε με αγαπούσε πραγματικά; Μήπως δε με ήθελε; Μήπως σκεφτόταν το χωρισμό; Παρ' όλες τις διαβεβαιώσεις του, μια ανεπαίσθητη σκιά φόβου ήταν μόνιμα φωλιασμένη στην καρδιά μου, ώσπου ένα χρόνο αργότερα πήρα την απάντηση-λύση στο μυστήριο...

Έπασχε από κατάθλιψη, αυτή την ύπουλη μάστιγα της σύγχρονης εποχής που τον τυραννούσε σε σχεδόν μόνιμη βάση. Στο άκουσμα αυτής της αποκάλυψης με πλημμύρισαν ανάμεικτα και αντιφατικά συναισθήματα. Από τη μια λύπηση και στενοχώρια για το μαρτύριο του ανθρώπου μου κι απ' την άλλη ανακούφιση κι ίσως και λίγη χαρά γιατί δεν ετίθετο θέμα χωρισμού. Κι όχι μόνο αυτό, αλλά και γιατί τώρα είχα πολύ περισσότερες πιθανότητες να του γίνω απαραίτητη και να μου μείνει πιστός για πάντα.

Έτσι ανασκουμπώθηκα για να ενημερωθώ και να μάθω οτιδήποτε σχετικά με την κατάθλιψη, τις ψυχοθεραπείες και τους ψυχοθεραπευτές. Ρώτησα, έψαξα, έμαθα. Ο Βασίλης, όμως, αποφάσισε να παλέψει την κατάθλιψή του μόνος και φυσικά με τη δική μου αγάπη, συμπαράσταση και βοήθεια.

Αλλά αν και η δουλειά του βελτιωνόταν συνέχεια, τα έσοδά του έγιναν κάτι περισσότερο από πολύ καλά κι εγώ άνοιξα δικό μου γραφείο, ο Βασίλης έμοιαζε δοσμένος στη μελαγχολία του, λες και δεν ήθελε να γιατρευτεί. Τα νεύρα μου τεντώθηκαν πραγματικά, όταν νοίκιασα το γραφείο μου και άρχισα την καινούργια μου δουλειά. Καταλαβαίνετε πώς ήταν να γυρνάω σπίτι πτώμα από τη δουλειά και να βρίσκω τον Βασίλη να κοιτάει το ταβάνι με βλέμμα απλανές και χαμένο! Παρ' όλα αυτά ήταν ο άνθρωπός μου και τον αγαπούσα. Άλλωστε ήμασταν ήδη επτά χρόνια μαζί...

Εκεί που άρχισα να προβληματίζομαι πώς θα του μιλούσα για την επισημοποίηση της σχέσης και το γάμο, μπήκε στη ζωή μας η Συλβί, η οποία χρησιμοποίησε όλα τα "γυναικουλίστικα" κόλπα, αλλά κι όλα τα καλλιτεχνικά δέλεαρ για να κάνει τον Βασίλη να πιστέψει ότι έκρυβε έναν καλλιτέχνη μέσα του που έπρεπε να βγει και να εκφραστεί. Του πετούσε το δόλωμα κι ο δικός μου το τσίμπησε. Με παράτησε, για να ζήσει μαζί της στο ατελιέ της, έναν απίστευτο χώρο, βρόμικο και ελεεινό, χωρίς τηλέφωνο κι ανέσεις. Κι ο δικός μου ο καλοζωισμένος και καλομαθημένος από μένα ξεγελάστηκε και πιάστηκε σαν ποντίκι στη φάκα από μια πονηρή και καπάτσα γάτα. Αν δεν τον ξεμυάλιζε με την προστυχιά της, ο Βασίλης θα έμενε για πάντα μαζί μου, γιατί απλά δε θα έβρισκε ποτέ κάποιον σαν εμένα με τέτοια κατανόηση και συμπόνια. Στερνή μου γνώση να σ' είχα πρώτα, λέει η παροιμία, κι είμαι σίγουρη ότι ο Βασίλης πολλές φορές τη θυμήθηκε.

Ο Βασίλης είναι το δημιούργημα της Λένας. Όμορφος, καλλιεργημένος, διαθέσιμος. Τον αναλαμβάνει απ' την αρχή: επαγγελματική αναμόρφωση, ψυχολογική στήριξη κι αλλαγή. Η Λένα αισθάνεται χρήσιμη γιατί πιστεύει ότι μπορεί να τον θεραπεύσει, ότι τη χρειάζεται, κάτι που έχει μόνιμα ανάγκη, μιας κι η αλλαγή-υποταγή του άντρα είναι κάτι σαν επιβεβαίωση γι' αυτήν. Είναι το πέρασμα του ελέγχου της ζωής του στα χέρια της. Έχει ανάγκη να αποφασίζει γι' αυτόν ό,τι νομίζει ότι θα τον ωφελήσει.

Ο Βασίλης έλκεται από γυναίκες "στρατηγούς" και κουμπώνει υπέροχα με τη Λένα. Ψάχνει κάποια να τον αναλάβει κι η Λένα έναν έτοιμο να το θέλει ή να το περιμένει. Τα πράγματα φαίνεται να πηγαίνουν "καλά" στην αρχή και για μεγάλο διάστημα. Ο καθένας φωλιάζει και κρύβει στη σχέση τις δικές του ανάγκες κι ανασφάλειες, κι έτσι ενώνονται σε μια μυστική, σιωπηρή συμφωνία κοινής συνύπαρξης.

Όμως η Λένα θέλει την πλήρη επιτυχία του δημιουργήματός της. Δεν ανέχεται να μην αλλάξει την καταθλιπτική του διάθεση, γιατί αυτό θα έμοιαζε με προσωπική της αποτυχία, κάτι σαν αδυναμία. Ο Προκρούστης μέσα της απαιτεί πλήρη προσαρμογή του θύματος στο καλούπι που ο ίδιος ορίζει. Έτσι γίνεται πιο επικριτική, πιο σκληρή, πιο κυριαρχική, απαιτώντας να "γίνει καλά". Τότε ο Βασίλης διαλέγει τη γνωστή του και οικεία μέθοδο: καινούργιος "στρατηγός" στη ζωή του, καινούργιος Πυγμαλίων. Ίσως λιγότερο σκληρός κι επικριτικός, ίσως πιο ευχάριστος.

Η Λένα θυμώνει για ακόμη μία φορά πάρα πολύ· έχασε το σύντροφό της, αλλά και αμφισβητήθηκε η ικανότητά της να εμπνέει σεβασμό και επιβολή. Κάποια της πήρε το δημιούργημά της, το τρόπαιό της, και οργίζεται μ' αυτή γιατί φάνηκε πιο έξυπνη, πιο πονηρή, πιο καπάτσα απ' την ίδια, όπως λέει.

Δεν ανέχεται να χάσει σ' ένα παιχνίδι κυριαρχίας και ιδιοκτησίας, και μάλιστα για δεύτερη φορά. Για τη Λένα αυτή η προσωπική ήττα, όπως την καταγράφει μέσα της, σημαίνει δική της απαξία.

Πιστεύει ότι η άλλη γυναίκα που "κλέβει" το σύντροφό της, είναι η κακοδαιμονία της. Η μία κατάφερε τον Αργύρη, η άλλη τον Βασίλη. Φταίνε λοιπόν οι άλλες γυναίκες. Ούτε περνάει απ' το μυαλό της να ασχοληθεί με τον εαυτό της και με τον τρόπο που λειτουργεί με τους συντρόφους της. Ο θυμός της επισκιάζει όλα τα άλλα συναισθήματα. Είναι δυνατός, είναι κυρίαρχος. Νιώθει αδικία, προσβολή.

Σ' αυτήν τη φάση της ζωής της, η Λένα ήρθε στο κέντρο, για να μη "φορτωθεί άλλο έναν άχρηστο", όπως μας είπε.

Τώρα θα γνωρίσουμε μια άλλη κοπέλα 36 χρονών σήμερα, δημόσιο υπάλληλο, μεγαλωμένη σε σπίτι στρατιωτικών. Η Βίκυ, κάποια στιγμή γύρω στα 29 της, αγχώθηκε πολύ με το θέμα του γάμου. Το παράπονό της ήταν ότι οι άντρες που είχε γνωρίσει ως τότε ήταν αχάριστοι και δεν ήξεραν να εκτιμούν τα καλά κορίτσια.

Τότε νομίζω ότι έκανα το μεγάλο λάθος, γιατί τυφλωμένη από την αγωνία μου να παντρευτώ, προχώρησα σε μία επιλογή για την οποία μετάνιωσα πραγματικά. Έκανα δεσμό με τον Σταύρο. Ανάμεσα στους πολύ καλούς μου γείτονες, ήταν κι η Ντόλυ, η αδελφή του Σταύρου, πετυχημένη επαγγελματίας της εθνικής οδού, αοιδός με ιστορία και σουξέ.

Κατά έναν περίεργο τρόπο, η Ντόλυ μου άρεσε, αν και τόσο διαφορετική από μένα, και της το έδειχνα. Προφανώς, νιώθοντας τη συμπάθειά μου, κολακεύτηκε κι ανέβηκαν οι μετοχές της, με αποτέλεσμα να μου είναι τυφλά αφοσιωμένη και να πίνει νερό στ' όνομά μου.

Κάποια στιγμή με ύφος ντροπαλό –πρωτόγνωρο για την ίδια– μου έσκασε το παραμύθι: ήθελε να γνωρίσω τον αδελφό της τον Σταύρο γιατί πίστευε ότι μόνο ένας άνθρωπος σαν εμένα θα μπορούσε να τον συμμαζέψει και να τον αλλάξει.

Γιατί τώρα ο Σταύρος είχε ανάγκη από συμμάζεμα και νοικοκύρεμα; Γιατί, όπως μου εξήγησε η Ντόλυ, έμπλεξε από μικρός με κακές παρέες που τον παράσερναν και δεν τον άφηναν να προοδεύσει στη ζωή του.

"Γιατί εγώ;" τη ρώτησα. Τι σου λέει ότι θα μ' ακούσει και θα δεχτεί τις συμβουλές μου; Και τότε μου έσκασε το δεύτερο παραμύθι: ο Σταύρος ήταν ξετρελαμένος μαζί μου, όχι μόνο με θαύμαζε και με εκτιμούσε, αλλά ήταν κι ερωτευμένος εδώ και πολύ καιρό.

Έτσι γνώρισα τον Σταύρο, ένα σαββατόβραδο στο μαγαζί της Ντόλυς, ανάμεσα σε καψούρικα τραγούδια, λουλουδοπόλεμο κι αφιερώσεις. Ο Σταύρος ήταν κι έδειχνε ένα λαϊκό παιδί, καθόλου άσχημο, περίπου στην ηλικία μου, με ευγενικούς τρόπους και κουβέντες. Μαζί μου ήταν πολύ μαζεμένος, ίσως και κομπλαρισμένος, και με αντιμετώπιζε με δέος και αφοσίωση.

Με άφησε να κανονίσω εν λευκώ τα της δουλειάς του και σε λίγο καιρό μετέτρεψα τον ερωτευμένο Σταύρο σ' έναν αξιοπρεπή επιχειρηματία δερμάτινων ειδών. Του ήταν αρκετά δύσκολο να αφήσει εντελώς τη ρέμπελη ζωή, όμως προσπάθησε πραγματικά, παρά τις γκρίνιες και τις αντιρρήσεις του, γιατί σε τελική ανάλυση ήμουν... θείο δώρο γι' αυτόν.

Η εμφάνιση αποτέλεσε τον επόμενο στόχο αλλαγής. Τέρμα οι άσπρες κάλτσες με το μοκασίνι, τέρμα οι φαβορίτες, τέρμα τα μακριά μαλλιά και τα κακοραμμένα κουστούμια. Του διάλεξα ωραία τζινάκια, απλά σπορ πουκάμισα και μποτάκια γνωστής φίρμας, τον έστειλα στον κομμωτή μου για να συμμορφώσει το κεφάλι του και τον έγραψα σε γυμναστήριο.

Επόμενο στάδιο αναμόρφωσης ήταν η μουσική του παιδεία. Κάπου εκεί όμως άρχισαν και οι συχνοί καβγάδες μας. Δεν ήθελε με τίποτα να ακούσει κάτι που δεν ήταν μιούζικαλ, επιθεώρηση ή σκυλάδικο! Θύμωνα στ' αλήθεια μαζί του για την έλλειψη θετικής διάθεσης. Εγώ τον έκανα άνθρωπο, τον έβαλα σ' άλλους κοινωνικούς κύκλους, αναβάθμισα τη ζωή του. Όφειλε να το αναγνωρίσει. Όμως εκείνος αγνόησε αυτά τα απλά πράγματα και στο τέλος τα ξέχασε εντελώς. Προχώρησε σε σχέση "φιλική", όπως έλεγε, με μια ζωντοχήρα θαυμάστρια της Ντόλυς. Δεν έπρεπε εξαρχής να μπλέξω μαζί του, μ' έναν τόσο λαϊκό, δεύτερης κατηγορίας άντρα!

Σταύρος: Είναι ένας απλός, έως απλοϊκός λαϊκός άντρας, που "ψαρώνει" με τη Βίκυ και το προσωπικό της στάτους.

Η Βίκυ έχει ένα στόχο: θα βάλει σε πρόγραμμα, στο δρόμο της επιτυχίας το "απολωλός", αν και δεν έχει ποιότητα – έτσι τουλάχιστον όπως εκείνη την εννοεί, ως μόρφωση και πνευματική καλλιέργεια. Δεν την ενδιαφέρει να ψάξει τα συναισθήματά του και νομίζει ότι έχει την καλύτερη ευκαιρία για να τον πλάσει και να τον φτιάξει όπως θέλει εκείνη, μιας και την αντιμετωπίζει με δέος και θαυμασμό.

Ο Σταύρος έχει αρκετή ψυχική δύναμη μέσα του για να βάλει όρια στην κυριαρχική τάση της Βίκυς. Δεν ανέχεται μια πλήρη μετάλλαξη της προσωπικότητάς του, ούτε την επίκριση ή την υποτίμηση. Έτσι αναχωρεί γι' άλλα λιμάνια.

Αυτή η απαξία του –γιατί έτσι τη μεταφράζει η Βίκυ– γεννά το θυμό που την κυριεύει και κυριαρχεί μέσα της. Φταίει η "άλλη γυναίκα", φταίει ο άντρας που παρασύρεται. Θυμώνει με την αγνωμοσύνη του, θυμώνει με την πονηριά της.

Αλλά αυτό που καταλαβαίνει από την ως τότε πορεία της είναι ότι δίνει πολλά και πρέπει να σκληρύνει. Η Βίκυ το πιστεύει αυτό, δεν ξεγελάει τον εαυτό της. Η εικόνα που έχει για την ίδια είναι αυτή της καλής, δυναμικής, αποφασιστικής και αλτρουίστριας γυναίκας.

Βγάζοντας λάθος συμπεράσματα, επαναλαμβάνει με τον ίδιο τρόπο τη γνωστή συνταγή –ο καλός άντρας είναι ο άντρας σε καλούπι– και διαλέγει τον Κώστα, θεωρώντας ότι λόγω ηλικίας θα είναι εύκολος στην υποταγή και την υπακοή του.

Μετά την ιστορία με τον Σταύρο, δεν ήθελα να ξανακάνω σχέση, αν δεν ήμουν σίγουρη ότι ο άντρας μου θα με τιμούσε και θα με είχε θεό του. Τώρα ήθελα να γίνω λίγο πιο κακιά και κυνική, να ζητώ απ' τους άλλους κι όχι μόνο να δίνω.

Η τύχη ήταν με το μέρος μου κι έστειλε στο δρόμο μου τον Κώστα, έναν τζέντλεμαν, ευγενικό, ευαίσθητο και μοναχικό, διατεθειμένο να μου χαρίσει τον ουρανό με τ' άστρα... Ο Κώστας ήταν απόστρατος αξιωματικός του ναυτικού με πρόωρη σύνταξη, χήρος, χωρίς παιδιά κι έτοιμος να κάνει καινούργια οικογένεια.

Πίστεψα ότι ήταν ιδανικός για σύζυγος: αξιοπρεπής, καλλιεργημένος, αρρενωπός, χορτασμένος από γυναίκες, διατεθειμένος να με έχει κορόνα στο κεφάλι του, όπως έλεγε η μαμά μου. Στο κάτω κάτω, η ηλικία του δεν του επέτρεπε τσιλιμπουρδίσματα...

Ο αρραβώνας μας έγινε ένα χρόνο μετά. Όλα έγιναν ακριβώς όπως τα ήθελα, μιας και ο Κώστας μου άφησε απόλυτη ελευθερία κινήσεων, τόσο στα πρακτικά όσο και στα πιο σημαντικά θέματα.

Η ευτυχία μου θα ήταν απόλυτη, αν δεν υπήρχε το ζήτημα με τους συγγενείς του, ειδικά με τα ανίψια του. Ο ίδιος τα δικαιολογούσε, λέγοντας ότι ήταν πολύ καλά παιδιά, τον αγαπούσαν και τον νοιάζονταν, γι' αυτό και ήταν γενναιόδωρος μαζί τους.

Προσωπικά πίστευα ότι ήταν απλά εκμεταλλευτές που πατούσαν στην αδυναμία του και τον κορόιδευαν. Το θέμα δεν ήταν οικονομικό, μιας και τα χρήματά μας ήταν ξεχωριστά, αλλά ήταν θέμα σεβασμού. Ο Κώστας δυσανασχετούσε, όταν μιλούσα έτσι, κλεινόταν στον εαυτό του και μελαγχολούσε. Γενικά εκείνη τη χρονιά ήταν πιο μελαγχολικός, πιο λιγόλογος, λιγότερο διαχυτικός και τρυφερός.

Μια αποφράδα Παρασκευή έχασα τον Κώστα μου... μέσα σε λίγα λεπτά. Ώσπου να καταλάβω τι γίνεται, τι είχε, έσβησε σαν πουλάκι. Ο καλός μου ο Κώστας! Τον έκλαψα, τον θρήνησα και του έκανα μια αξιοπρεπέστατη κηδεία, τέτοια που του ταίριαζε. Όλοι είχαν να το λένε!

Εκεί που άρχισα ξανά να αναρωτιέμαι για το μέλλον μου, μπήκε στη ζωή μου ο Θάνος. Ο Θάνος ήταν μακρινός ξάδελφος του άντρα μου, περίπου συνομήλικός μου – ίσως δύο τρία χρόνια μικρότερος. Όπως μου είχε εμπιστευτεί ο άντρας μου, ο Θάνος ήταν ένα ιδιαίτερα βασανισμένο πλάσμα που μεγάλωσε σε ορφανοτροφείο, επειδή οι γονείς του είχαν σκοτωθεί και δεν υπήρχε κάποιος κοντινός συγγενής διαθέσιμος για να τον αναλάβει.

Όταν τον είδα μπροστά στην πόρτα μου, τα 'χασα... Είχα μπροστά μου ένα γοητευτικό κύριο, χαμογελαστό και ζεστό, που με έκλεισε με δύναμη στην αγκαλιά του. Εντύπωση μου έκανε με πόση αξιοπρέπεια αντιμετώπιζε τη φτώχεια του και με περηφάνια αγωνιζόταν να πετύχει. Ήθελα να το βοηθήσω το καημένο το ορφανό που κανείς ποτέ δεν το βοήθησε, και έτσι έκανα.

Ο γάμος μας έγινε απλά στο δημαρχείο. Έκτοτε η ζωή κυλούσε πολύ ήρεμα, όπως την ήθελα. Είχαμε ο καθένας τη δουλειά του που μας απορροφούσε αρκετά, είχαμε ένα ωραίο σπίτι, μονοκατοικία, που αγόρασα σε τιμή ευκαιρίας –ήταν παλιό και ήθελε ανακαίνιση, την οποία αρχίσαμε να κάνουμε σιγά σιγά, δε βιαζόμασταν να τελειώσει– είχαμε δύο σκύλους. Ζούσαμε έναν καλό γάμο που βασιζόταν στο σεβασμό της ρουτίνας και του προγράμματος.

Κάθε Σάββατο πηγαίναμε στο σούπερ μάρκετ, κάθε Κυριακή για φαγητό έξω, κάθε δεύτερη Τρίτη πηγαίναμε σινεμά και μια φορά το μήνα θέατρο. Ο Θάνος ήταν πραγματικά προσαρμοστικός σε ό,τι πρότεινα. Δύσκολα μου χαλούσε χατίρι ή έφερνε αντιρρήσεις. Ήμουν ευχαριστημένη απ' τη ζωή και τον άντρα μου ως τη μέρα του μεγάλου σεισμού του 1999. Θέλω μόνο να πω ότι εκείνη τη συγκεκριμένη μέρα ο κόσμος μου γύρισε ανάποδα. Δεν είναι μόνο το σπίτι που κατέρρευσε, αλλά η ίδια μου η ζωή. Το μόνο που επιθυμούσα πάντα ήταν σταθερότητα κι έναν άντρα πιστό, ολόδικό μου. Σιχαινόμουν τον πατέρα μου που ως τα γεράματα κυνηγούσε πιτσιρίκες, εκθέτοντας τη μητέρα μου κι εμάς. Δεν ξέρω γιατί δεν το πέτυχα. Προσπάθησα τόσο πολύ.

Έπρεπε να ήσασταν στη θέση μου, όταν μπροστά στα συντρίμμια του σπιτιού μου βρήκα αγκαλιασμένους τον Θάνο και τη φιλενάδα του, να κλαίνε ο ένας στην αγκαλιά του άλλου, ευχαριστώντας τον Θεό που ήταν ζωντανοί. Δεν ξέρω τι έκανα κι άξιζα τέτοια τιμωρία... Ό,τι ζήτησε, του το έδωσα... κι ό,τι ήθελε το απέκτησε. Ήταν τόσο πολύ να απαιτώ σεβασμό στις απόψεις και τις επιλογές μου; Κι αν αισθανόταν αλλιώς, ας μου το έλεγε... Θα του εξηγούσα τα λάθη του και είμαι σίγουρη πως στο τέλος θα συμφωνούσε μαζί μου...

Δεν ξέρω τι συμβαίνει πια. Σκεφτόμουν σε ποιον θα μπορούσα να μιλήσω για να με καταλάβει, και δεν έβρισκα κανέναν... Πονάω πολύ και τα 'χω χαμένα, ίσως για πρώτη φορά στη ζωή μου έχω ανάγκη συμβουλής και στήριξης.

Η Βίκυ προσπάθησε να βάλει σε τάξη τη ζωή του Κώστα με απόλυτο τρόπο. Δε συναισθάνεται πόσο εκείνος πληγώνεται, δεν καταλαβαίνει το κλείσιμο στον εαυτό του. Ζει ευχαριστημένη το σκηνικό της σχέσης της όπως το φαντάστηκε, όπως το οργάνωσε, όπως το δημιούργησε. Φαντάζεται ότι ο Κώστας θέλει ό,τι και η ίδια, κι αν όχι, θα τον κάνει να το θέλει **για το καλό του**. Δεν της περνάει απ' το μυαλό ότι ο καλός της Κώστας μπορεί να καταπιέζεται, να μην είναι ευτυχισμένος, να μην περνάει καλά.

Ούτε όμως και ο Κώστας εξέφρασε σοβαρά και διεκδικητικά τη δυσαρέσκειά του. Πιθανόν να ψέλλισε κάποια παράπονα, αλλά δεν της μίλησε ποτέ για ό,τι τον πλήγωσε, τον στενοχώρησε, τον άγχωσε, δεν την έβαλε ποτέ μπροστά στην ευθύνη των πράξεών της. Υποτάχτηκε και λούφαξε στη γωνιά του, υποφέροντας σιωπηλά και καρτερικά. Ξάπλωσε στο κρεβάτι του Προκρούστη ταιριάζοντας στο καλούπι της Βίκυς. Ίσως να επαναστατούσε αργότερα κι αυτός, αν ζούσε περισσότερο, όπως κι οι προκάτοχοί του... Ποιος ξέρει...

Θάνος: Εκμεταλλευτής ή απελπισμένος; Η ουσία είναι ότι η Βίκυ ελπίζει –γνωρίζοντάς τον– ότι θα βρει ξανά την ευτυχία. Με τη γνωστή δραστήρια τακτική της, στρώνει μια ήσυχη και χωρίς εξάρσεις καθημερινότητα. Ο Θάνος υποκύπτει στις προτάσεις της και δείχνει να προσαρμόζεται.

Τι νιώθει άραγε; Ευγνωμοσύνη; Θαυμασμό; Πίεση; Ό,τι κι αν είναι, δεν έχει καμία σχέση με αγάπη γιατί στήνει, απ' ό,τι φαίνεται, μια ερωτική ζωή παράλληλη, κρυφή... Είναι δυνατόν να υπάρχει αγάπη όπου υπάρχει ψέμα; Όπου λείπει ο σεβασμός; Όπου υπάρχει κοροϊδία και κρυψίνοια;

Πολλοί άντρες που απιστούν, λένε "αγαπώ τη γυναίκα μου", εννοώντας πιθανότατα "δεν τη μισώ". Η αγάπη έχει σεβασμό, αποδοχή, ισοτιμία, εκτίμηση. Δεν μπορεί να φυτρώσει και να ανθίσει εκεί όπου λείπουν όλα αυτά. Απλά κάνουμε πράγματα τα οποία κάτω από την ετικέτα της αγάπης προσπαθούμε να τα παρουσιάσουμε ωραία και ρομαντικά.

Η απιστία πονάει, θίγει την αξιοπρέπειά μας ως γυναίκες και ως άνθρωποι. Ειδικά η απιστία που περιλαμβάνει μια μόνιμης διάρκειας σχέση με συναισθηματική επένδυση. Μια κατ' εξαίρεση, εφήμερη σχέση μπορεί να θεωρηθεί "λάθος", μια ατυχής "παρένθεση" στη μόνιμη μακροχρόνια σχέση γάμου και συμβίωσης. Με αγάπη, κατανόηση και αποδοχή πολλά μπορούν να ξεπεραστούν.

Η Βίκυ σοκάρεται και χάνει τον κόσμο κάτω από τα πόδια της, γιατί βλέπει με το σκληρότερο τρόπο μια σκηνή προδοσίας και ψευτιάς. Το σοκ του σεισμού φέρνει στην επιφάνεια όλα όσα κρύβονταν στα βάθη της σιωπής και της ρουτίνας που η ίδια επέβαλλε και ο Θάνος φαινομενικά αποδέχτηκε.

Για πρώτη φορά στη ζωή της η Βίκυ τα χάνει, μπερδεύεται. Είναι πολλά τα χτυπήματα για να τα αντέξει και λυγίζει. Είναι τόσο ανθρώπινο, τόσο φυσικό να γινόμαστε αδύναμοι και να νιώθουμε αβοήθητοι, μόνοι, απελπισμένοι. Κι είναι όμορφο να το εισπράττουμε και να το παραδεχόμαστε, όσο όμορφο είναι το να ξέρουμε να ζητάμε βοήθεια και συμπαράσταση.

Ο σεισμός ή κάποιο είδος "σεισμού" στη ζωή μπορεί να μας φέρει αντιμέτωπους με τους χειρότερους φόβους μας. Ένας απ' αυτούς είναι ο φόβος της εγκατάλειψης, αυτός που συχνά οδηγεί σε συμπεριφορά Προκρούστη. Για τη γυναίκα "Προκρούστη", απώλεια ελέγχου σημαίνει απώλεια δύναμης και αδυναμία σημαίνει απαξίωση, ασημαντότητα, άρα και εγκατάλειψη, μοναξιά. Πιστεύει ότι με το να κρατάει τα γκέμια, με το να ελέγχει και να διατάζει, το να πιέζει και να εξουσιάζει, ξορκίζει και διώχνει το φόβο της εγκατάλειψης. Η καρδιά της καλύπτει το φόβο ότι θα την παρατήσουν με την ανάγκη για έλεγχο και εγκλωβισμό του άλλου στη δική της λογική.

Η γυναίκα "Προκρούστης" χρειάζεται την αγάπη, όπως όλοι μας. Χρειάζεται να νικήσει το φόβο και να αφεθεί ελεύθερη να γεμίσει τρυφερότητα. Αξίζει να ζήσει αμοιβαίο σεβασμό και εκτίμηση. Η πραγματική αγάπη και ασφάλεια δεν πετυχαίνονται με "στρατιωτικό νόμο". Κάθε καταπιεστική σχέση έχει μέσα της το σπέρμα της αντίδρασης κι αυτό το νιώθει ο στρατηγός της σχέσης, με αποτέλεσμα να είναι πάντα στο βάθος ανήσυχος, ανασφαλής και σε ετοιμότητα.

Την πραγματική γαλήνη φέρνει η αμοιβαία αποδοχή, ο σεβασμός της αξίας του άλλου, η άνευ προϋποθέσεων πίστη στην αξία του κάθε ανθρώπου. Η εμπιστοσύνη, η συμπόνια, η κατανόηση, η αγάπη.

Η γυναίκα "Προκρούστης" ζητάει προϋποθέσεις για να περηφανεύεται για τον εαυτό της κι αυτό απαιτεί απ' τους άλλους. Δεν πιστεύει στην αξία της. Συχνά τελειοποιεί τις ικανότητες και τα ταλέντα της, νομίζοντας ότι έτσι αποκτάει αδιαμφισβήτητη αξία και κανείς δε θα διανοηθεί να την εγκαταλείψει. Υποτιμάει τους συντρόφους της, ποτέ δεν έμαθε να εκτιμάει ουσιαστικά τον εαυτό της, απαλλαγμένο από ταλέντα, κατορθώματα και επιτυχίες.

Μπροστά στην ευτυχία και τη ζωή είμαστε όλοι ίσοι. Ίσο μερίδιο δικαιούμαστε κι ας έχουμε ελαττώματα, ας έχουμε ελλείψεις ή αδυναμίες. Μόνο αυτός που πιστεύει ότι αξίζει το καλύτερο και τολμάει να το διεκδικήσει και να το δείξει με τις πράξεις του, θα έχει τη χαρά να το ζήσει μέσα από σχέσεις συντροφικές, βασισμένες στην εμπιστοσύνη, στον αμοιβαίο σεβασμό, στην αγάπη.

Πέμπτη παγίδα:
Η προσαρμογή του χαμαιλέοντα

Η γυναίκα χαμαιλέων είναι αυτή που διαλέγει για σύντροφο εκείνον που την πείθει ότι είναι ο κατάλληλος γι' αυτή χωρίς να έχει ουσιαστικά δικά της κριτήρια επιλογής. Υιοθετεί αυτά που της επιβάλλει ο σύντροφός της, είτε εντυπωσιάζοντάς την, είτε πατώντας στην καλοσύνη της, είτε μπερδεύοντάς την.

Ας δούμε την ιστορία της Λουκίας και μέσα από αυτή πέντε φαινομενικά διαφορετικούς άντρες που όμως ταίριαξαν με τον ίδιο τρόπο μαζί της.

Η γλυκιά Λουκία γεννήθηκε και μεγάλωσε σ' ένα απλό περιβάλλον χωρίς πολυπλοκότητες και κακίες, χωρίς ξαφνικές ανατροπές και μεγάλες αντιθέσεις. Η οικογενειακή της ζωή ήταν ήρεμη και προστατευμένη. Όλα στο σπίτι της έμοιαζαν απλά και όμορφα, προβλεπτά και ανάλαφρα.

Ο πατέρας της ήταν άνθρωπος ιδιαίτερα καλοπροαίρετος και καλοσυνάτος και επηρέαζε απ' την αρχή τη μικρή Λουκία. Μόνο που αυτή η καλοσύνη εκπεμπόταν ανεξέλεγκτα, διοχετευόταν άκριτα και κατέληγε να είναι "ακράτεια" και αδυναμία. Ήταν σαν να εξομοίωνε τους φαύλους με τους καλούς και τους ψεύτες με τους αληθινούς, μοιράζοντας απλόχερα και αδιάκριτα σε όλους τη βοήθεια και τη συνδρομή του. Μόνο ένας ιερωμένος θα μπορούσε να νιώθει και να λειτουργεί έτσι, ο οποίος από την ιδιότητά του και μόνο διαθέτει μυαλό και καρδιά ανοιχτά και φωτισμένα για να χωρέσουν όλο τον κόσμο με τις αδυναμίες και τις κακίες του.

Ένας άνθρωπος καθημερινός, σαν όλους μας, έχει ανάγκη να περιφρουρήσει την καλοσύνη του, να μην την ξοδεύει σπάταλα για να τη μετατρέψει σε δύναμη και όχι αδυναμία. Η καλή διάθεση και προαίρεση βρίσκουν έδαφος και ανθίζουν μόνο σε σχέσεις αγάπης. Εκεί συνυπάρχουν αμοιβαία και κανείς δε μετρά με δόσεις την ποσότητά τους. Σε όλες τις άλλες σχέσεις χρειάζεται δόσιμο αλλά όχι σπατάλη, συγκράτηση αλλά όχι τσιγκουνιά.

Η Λουκία εξοπλίστηκε με καλοσύνη, κράτησε τη "χωριάτικη" αγνότητά της και κατέφτασε στην Αθήνα. Επιβίωσε επαγγελματικά με τον καλύτερο τρόπο, ξεκαθαρίζοντας στόχους και πορεία.

Το ευαίσθητο σημείο και την αχίλλειο πτέρνα της αποτέλεσε η ερωτική ζωή της. Η Λουκία θέλησε, διεκδίκησε τη συντροφικότητα και άνοιξε την καρδιά της στους άντρες της ζωής της. Μόνο που ξεκινούσε από λάθος αφετηρία: Ο άλλος ήταν ό,τι δήλωνε. Αμαχητί και χωρίς δεύτερη σκέψη εισχωρούσε στη λογική του άντρα και ενστερνιζόταν όλα όσα έλεγε κι έκανε.

"Είμαι ωραίος" εξέπεμπε ο άντρας. "Είναι κούκλος" εισέπραττε η Λουκία.

"Είμαι δυναμικός" έλεγε αυτός. "Είναι ο Σούπερμαν" πίστευε εκείνη.

"Είμαι έξυπνος" δήλωνε αυτός. "Είναι Αϊνστάιν" άκουγε εκείνη.

Πολλοί θα μπορούσαν να αποκαλέσουν χαζομάρα αυτή την αμαχητί υιοθέτηση της πραγματικότητας του άντρα. Η προσαρμογή όμως της γυναίκας "χαμαιλέοντα" δεν έχει να κάνει σε καμία περίπτωση με την ευφυΐα.

Συχνά θα συναντήσουμε μία ακαδημαϊκά καταρτισμένη Λουκία, γεμάτη καλοσύνη, άλλοτε αγαθή, άλλοτε άπειρη κι άλλοτε παρορμητική και χειμαρρώδη που πάντα όμως βλέπει τον άλλο όπως αυτός παρουσιάζεται, γίνεται χαμαιλέων και προσαρμόζεται σε ό,τι της προτείνεται. Αρχίζει να του μοιάζει, υιοθετεί την εμφάνιση και τα καμώματά του, ενστερνίζεται τις απόψεις του και σε κάποιες ακραίες περιπτώσεις γίνεται... βασιλικότερη του βασιλέως επιδεικνύοντας ανέλπιστα φανατισμό και αδιαλλαξία.

Η δική μας Λουκία διαθέτει υγεία από τη συμβίωση με τη φύση και με γονείς συναισθηματικά δοτικούς και πλούσιους, και έτσι σώζεται στο παρά πέντε από δύσκολες καταστάσεις που υπάρχει το ενδεχόμενο –αν διαιωνιστούν– να προκαλέσουν σοβαρά προβλήματα.

Πολλές γυναίκες "χαμαιλέοντες" παραμένουν για χρόνια δέσμιες των συντρόφων τους, ακόμη κι όταν αρχίσουν να τους βλέπουν αλλιώς. Δυσκολεύονται, φοβούνται να αποδεχτούν τη δική τους οπτική και παραμένουν εγκλωβισμένες σε σχέσεις και καταστάσεις που όχι μόνο δεν τους δίνουν ευτυχία, αλλά αντίθετα προκαλούν συχνά διάφορα προβλήματα υγείας.

Πώς αντιδρούν όμως οι άντρες σε αυτή τη γυναικεία προσαρμοστικότητα; Πώς συμπεριφέρονται στη γυναίκα "χαμαιλέοντα"; Ας δούμε καλύτερα ξεχωριστά κάθε σχέση της Λουκίας για να την αναλύσουμε και να την καταλάβουμε περισσότερο.

Γεννήθηκα, μεγάλωσα και έζησα μέχρι δεκαεφτά χρονών στο χωριό μου. Η ζωή μου ως τότε ήταν πολύ απλή, αρκετά συνηθισμένη ίσως, αλλά και πολύ πολύ ευτυχισμένη. Πέρασαν όμορφα και ειρηνικά εκείνα τα χρόνια, ώσπου έφτασε η στιγμή που θα έφευγα μακριά από τους γονείς μου. Πέρασα στην Παιδαγωγική Ακαδημία Αθηνών για να πραγματοποιήσω τ' όνειρό μου, να διδάξω και να βαδίσω στα χνάρια του πατέρα μου.

Ήμουν τόσο χαρούμενη με τις σπουδές μου, που η προσαρμογή μου έγινε γρήγορα και εύκολα.

Λίγους μήνες αργότερα, γνώρισα σε μια φιλική συντροφιά τον Μενέλαο, το πιο καλό παιδί της παρέας, όπως έλεγαν όλοι. Είχε πολύ καλή καρδιά... Ήθελε πάντα να βοηθάει και να προσφέρει στους ανθρώπους κι αυτό το γνώρισα από κοντά. Καμιά φορά, πικραινόταν και θύμωνε, όταν του ανταπέδιδαν το καλό που είχε κάνει με αχαριστία ή εγωισμό. Έμενε όμως απτόητος... Ήθελε να κρατήσει την ευαισθησία του.

Όταν μου έκανε ερωτική εξομολόγηση, ένιωσα πρωτόγνωρα ευτυχισμένη. Ο Μενέλαος ήταν η πρώτη μου αγάπη κι αυτό το σεβάστηκε απόλυτα. Δεν ήθελε να με πιέσει για τίποτε, ούτε να με αγχώσει πριν νιώσω έτοιμη για σεξ.

Την πρώτη φορά που κάναμε έρωτα, δεν μπορώ να πω ότι άκουσα καμπάνες ούτε μουσικές ούτε... έχασα το χρόνο και το χώρο. Ήξερα πολύ καλά ότι ήμουν με κάποιον που αγαπούσα και μ' αγαπούσε κι ότι ζούσα μαζί του μια πολύ ευχάριστη εμπειρία.

Κι έφτασαν τα πρώτα μας Χριστούγεννα σαν ζευγάρι. Οι δικοί μου, δειλά δειλά, εκφράσανε την επιθυμία να έρθουν στην Αθήνα. Χάρηκα πολύ, όταν το πρότειναν, αλλά αμέσως μετά δαγκώθηκα. Πώς θα το έπαιρνε αλήθεια ο Μενέλαος;

Κάνοντας χίλιες ασκήσεις θάρρους, βρήκα τελικά το κουράγιο να του το πω. Εκείνος δε δυσανασχέτησε στο ελάχιστο και βρήκε την ιδέα υπέροχη. Συγκινήθηκα μ' όλα αυτά, ίσως γιατί διαισθανόμουν ότι, κατά βάθος, ζορίστηκε, πιέστηκε κι είχε και το άγχος του για το αν θα τους άρεσε. Οι δικοί μου είχαν να λένε για την ευγένεια και την καλοσύνη του. Έτσι τα Χριστούγεννα πέρασαν χωρίς προβλήματα, σε πραγματικά ευχάριστη ατμόσφαιρα. Δυστυχώς όμως ήρθε η περίοδος των εξετάσεων.

Με γεμάτες τις μπαταρίες μου, στρώθηκα για διάβασμα εύκολα κι αμέσως. Ο Μενέλαος, όμως, έπεσε σε μια περίεργη μελαγχολία. Δε μου εξήγησε ιδιαίτερα, δεν ανακατεύτηκα από διακριτικότητα. Ήταν δύσκολο, παρ' όλα αυτά, να σηκώσω τη βαριά του διάθεση, έτσι χωρίς να καταλαβαίνω. Μου ζήτησε όμως να τον ανεχτώ, όπως αυτός είχε κάνει τόσες φορές για μένα.

Το πρόβλημα θα ξεπερνιόταν κάποια στιγμή ήσυχα κι απλά, αν δε γινόταν ένας μεγάλος καβγάς στη σχολή. Ο καθηγητής του πιο βασικού μαθήματος ήθελε κόλακες γύρω του, να τον υπακούουν και να τον θαυμάζουν. Μόλις κάποιος δεν ήταν γλείφτης, τον έβαζε στο στόχαστρο. Έτσι έγινε και με τον Μενέλαο. Να μη σας τα πολυλογώ, πρώτη φορά τον είδα τόσο θυμωμένο και κακόκεφο και πρώτη φορά ένιωθα τόσο ανίσχυρη να τον βοηθήσω.

Σιγά σιγά άρχισε να επανέρχεται στη συνηθισμένη του διάθεση. Για να το γιορτάσουμε, είπαμε να βγούμε με τη φίλη μου τη Στέλλα και το αγόρι της, οι τέσσερίς μας.

Εκ των υστέρων, νομίζω ότι ήταν τελικά μια πολύ κακή ιδέα. Η Στέλλα άρχισε να λέει στον Μενέλαο, πειράζοντάς τον, ότι ήταν απαράδεκτος που με παραμέλησε τόσο καιρό κι ότι άλλη στη θέση μου θα τον είχε παρατήσει. Τι ήθελε και το είπε; Έξαλλος ο δικός μου την αποκάλεσε κακή φίλη και ύπουλο άνθρωπο και αποχώρησε με θεατρική έξοδο.

Τρόμαξα να τον ηρεμήσω... Θίχτηκε πολύ, λέει, γιατί δεν είχε το δικαίωμα, ούτε το θάρρος, να τον μειώσει έτσι, χωρίς να τον ξέρει καλά.

Η Στέλλα, απ' την άλλη, είχε μείνει άναυδη αποκαλώντας τον εγωιστή. Νομίζω ότι τον αδίκησε, γιατί ο Μενέλαος απλά ήταν πολύ ευαίσθητος και νοιαζόταν τους άλλους, έτσι ήθελε κι οι άλλοι να τον προσέχουν ιδιαίτερα. Και δεν ήταν λαπάς, όπως συνήθιζε να τον αποκαλεί πίσω απ' την πλάτη του – αυτό μου το σφύριξαν άλλες φίλες.

Τον αγαπούσα τον Μενέλαο και μ' ένοιαζε να είναι καλά. Όταν μου ζητούσε κάτι, σκεφτόμουν διπλά πριν του αρνηθώ. Κι όταν το έκανα, συχνά το μετάνιωνα και είχα τύψεις, γιατί αυτός ο καημένος έκανε τόσες υποχωρήσεις για μένα... Όμως, να πάρει η ευχή, όπως και να το κάνεις, είναι καταπίεση, όταν κάνεις κάτι γιατί ο άλλος το περιμένει ή γιατί με τη συμπεριφορά του το απαιτεί σιωπηλά ή και αρθρωμένα, χωρίς πραγματικά να το αισθάνεσαι ή να το θέλεις.

Τέσσερα χρόνια της σχέσης μας πέρασαν έτσι. Ο Μενέλαος πήρε πτυχίο και ακριβώς τότε ήταν που άρχισε να μιλάει για αρραβώνα και γάμο. Μάλιστα, το ίδιο βράδυ που είχαμε πάει σ' ένα ταβερνάκι για φαγητό, μου δήλωσε, μεταξύ αστείου και σοβαρού, ότι δεν αποτελώ κανένα μεγάλο κελεπούρι για τους άντρες, γιατί είμαι αγνή χωριατοπούλα, αγαθή έως απλοϊκή και ως γυναίκα άπειρη κι όχι ιδιαίτερα ερωτική! Όμως, αυτός μ' αγαπούσε και με ήθελε σύντροφο και γυναίκα του για πάντα, γιατί ήξερε τι αξιόλογος άνθρωπος είμαι και πόσες χάρες έκρυβα μέσα μου.

Προς στιγμή έμεινα άναυδη. Δεν ήξερα αν έπρεπε να θυμώσω ή να χαρώ. Τελικά, αποφάσισα πως ό,τι είπε ήταν για καλό, για να μου δείξει πόσο ανοιχτή και μεγάλη καρδιά είχε. Θυμάμαι μια φορά που είχα βγει για φαγητό με τις φίλες μου, ο Μενέλαος με πήρε τέσσερα τηλέφωνα για να με ρωτήσει τι θα ήθελα να μου μαγειρέψει, για να μου ετοιμάσει τα αγαπημένα μου άλατα στο μπάνιο, για να μου πει πόσο του λείπω...

Τότε, τα βρήκα τρυφερά όλα αυτά και τα 'βαλα με τον εαυτό μου που δυσανασχέτησα κατηγορώντας τον για σκληρότητα και αναισθησία. Τα κορίτσια διαφώνησαν υποστηρίζοντας ότι ουσιαστικά, είτε το θέλησε είτε όχι, μας χάλασε την παρέα διακόπτοντας κάθε τόσο και ότι νοιαζόταν πιο πολύ να μου κάνει καλή εντύπωση παρά να με αφήσει απερίσπαστη να περάσω καλά. Ίσως να είχαν και δίκιο.

Το θέμα είναι ότι εγώ κρύωνα σιγά σιγά συναισθηματικά. Το τέλος της πεντάχρονης σχέσης μας ήρθε δυστυχώς ύστερα από ένα μεγάλο καβγά. Το μόνο που συγκράτησα, ήταν ότι κατηγόρησα τον Μενέλαο ότι μου είχε πει ψέματα για κάποιο θέμα που ούτε καν θυμάμαι τώρα πια. Αμάν, πανικός. Άσπρισε, πετάχτηκε όρθιος και ουρλιάζοντας σχεδόν μου πέταξε στα μούτρα την αχαριστία, την κακία και την αγνωμοσύνη μου. Πώς τόλμησα, λέει, να αμφιβάλω γι' αυτόν ύστερα απ' όσα έχει κάνει για μένα!

Μιλούσε μόνος του χωρίς διακοπή, με απίστευτη λεκτική ακράτεια, ώσπου με παράτησε βροντώντας την πόρτα πίσω του. Τι να σας πω τώρα, εκείνη τη στιγμή αισθάνθηκα ότι δεν τον άντεχα πια... Τον ένιωθα βαρύ κι ασήκωτο. Ίσως αν ήταν σατράπης, καθαρά και ξάστερα, να μου ήταν πιο εύκολο να τον αντιμετωπίσω. Έτσι όμως που υποχωρούσε, για να μου το χτυπήσει αργότερα, με τρέλαινε. Αισθανόμουν ότι γινόμουν ένα τέρας που κακοκάρδιζε τον "καλό άνθρωπο", ο οποίος πάντα ήθελε να είναι σωστός και δεν επέτρεπε σε κανέναν να τον αμφισβητεί. Όχι δεν τον ήθελα πια! Αν ήμουν άδικη μαζί του, τι να έκανα; Δικαιούμαι κι εγώ κάποια λάθη σ' αυτή τη ζωή.

Τη μετά τον Μενέλαο εποχή προτίμησα να μείνω για λίγο μόνη, να πάρω το πτυχίο μου και να κοιτάξω σοβαρά τη σταδιοδρομία μου. Ευτυχώς, βρήκα αμέσως δουλειά σ' ένα καλό ιδιωτικό σχολείο κι έτσι ήμουν ξένοιαστη, οικονομικά ανεξάρτητη, ζούσα κι εργαζόμουν σε πολιτισμένο περιβάλλον.

Τι άλλο να ζητούσα; Ένα σύντροφο, θα μου πείτε. Εκεί λοιπόν που αναρωτιόμουν αν υπάρχει κάπου η αγάπη για μένα, γνώρισα τον Μάρκο.

Ο Μάρκος είχε γεννηθεί στο εξωτερικό. Οι γονείς του ήταν πολύ εύποροι και τον είχαν εξασφαλίσει οικονομικά. Έτσι ο Μάρκος έγινε εισοδηματίας κι είχε την ευχέρεια να μη δουλεύει για να γίνει σκλάβος της καταναλωτικής σαρκοβόρας κοινωνίας, όπως μας εξήγησε.

Ήταν πολύ γουστόζος με τα σπαστά ελληνικά του και τις βαρύγδουπες ελληνικούρες του. Άσε πια τις παροιμίες ή τα αποφθέγματα... τα έσφαζε κυριολεκτικά. Η Στέλλα είπε ότι ήταν ημιμαθής, "δήθεν" και επιδειξιμανής, αλλά εγώ δε συμφωνούσα... Με τόσα χρόνια εκτός Ελλάδας και με τόσες εμπειρίες που έζησε στον κόσμο, ήταν φυσικό να χάσει την ευχέρεια έκφρασης.

Ζήσαμε πολύ ωραίες στιγμές μαζί, μ' έκανε να γελάω, ήταν απρόοπτος, φιλόσοφος κι εκρηκτικός, εκκεντρικός, ρομαντικός, γήινος. Γενικά, νομίζω πως στο τέλος κέρδιζε τους ανθρώπους. Όπως τότε που πήγαμε σ' ένα κινέζικο εστιατόριο και ζήτησε να δυναμώσουν τη μουσική, για να χορέψει... Ένιωθε, λέει, πολύ άνετα και οικεία, κι επειδή, όπως πίστευε, οι χοροί δε μαθαίνονται αλλά βγαίνουν από μέσα μας, ήθελε να εκφράσει τα συναισθήματά του και τις ευχαριστίες του στον κινέζικο λαό. Και χόρεψε! Ένιωσα άβολα, προς στιγμή, αλλά το ξεπέρασα, όταν τον είδα τόσο χαρούμενο και τόσο ανεπιτήδευτα εκφραστικό! Του άρεσε στ' αλήθεια να χορεύει, ακόμη και σε στιγμές που δεν το περίμενες.

Όταν το είπα στη Στέλλα, γέλασε μέχρι δακρύων και τον αποκάλεσε "μεγάλο νούμερο". Το θέμα είναι πως δεν καλοπρόλαβα να ανακαλύψω τις υπόλοιπες πλευρές του Μάρκου γιατί μια ωραία μέρα του Αυγούστου μου έφερε ένα ζωδιακό πίνακα, με κάθισε απέναντί του κι άρχισε να μου εξηγεί ότι οι Αφροδίτες μας δε συμπίπτουν κι ότι ήταν γραφτό του να γνωρίσει τον έρωτα της ζωής του σ' ένα μήνα. Άρα δεν μπορούσε να ήμουν εγώ αυτός, άρα έπρεπε να χωρίσουμε! Τόμπολα!

Μετά το χωρισμό μας, πολλοί φίλοι βρήκαν την ευκαιρία να του σούρουν διάφορα: ότι ήταν αμόρφωτος και το 'παιζε ξερόλας για να καλύψει τις ανεπάρκειες και τις ελλείψεις του. Μ' άλλα λόγια, ότι επρόκειτο για ένα γελοίο άτομο.

Η Στέλλα, ιδιαίτερα, "νούμερο" τον ανέβαζε, "νούμερο" τον κατέβαζε. Όσο για μένα, ψάρι του Μάρκου με ανέβαζε, ουρά του με κατέβαζε. Είχα αρχίσει, λέει, να του μοιάζω και ενδυματολογικά!

Βέβαια και μελαγχόλησα και έκλαψα και πικράθηκα. Αλλά η ζωή τραβάει μπροστά κι αλίμονο σ' αυτόν που δεν την ακολουθεί.

Ας δούμε λίγο από κοντά τους δύο συντρόφους της Λουκίας.

Μενέλαος, ο φαινομενικά καλοσυνάτος αλτρουιστής. Με πρόσχημα την καλοσύνη του, **χειραγωγεί** τη Λουκία, την ελέγχει και τη φέρνει στα νερά του. Αυτό που στο βάθος χρειάζεται είναι να αποκτήσει τελεσίδικα τον τίτλο του "καλού" και σ' αυτήν την ανάγκη του υποτάσσει όλες τις πράξεις του. Όσα κάνει και νιώθει δεν είναι βάσει προγράμματος, είναι όλα όσα έμαθε ότι είναι χρήσιμα για να επιβιώνει. Θυμώνει κάθε φορά που τον αμφισβητούν, παρεξηγείται, όταν θεωρήσει ότι για κάποιον ο "τίτλος" του δεν είναι σίγουρος.

Κάνει το "καλό" και περιμένει με λογική εμπόρου την ανταπόδοση. Κι όταν αυτή δεν έρθει, τότε δε φοβάται να υπενθυμίσει όλα όσα **εκείνος** έκανε για την κοπέλα. Κάποιες φορές δε διστάζει να **μειώσει** τη Λουκία βγάζοντάς την ακόμη και ελαττωματική! Ίσα ίσα για να μπορεί να παίζει το ρόλο του "καλού", αποδεικνύοντας ότι εκείνος είναι υπεράνω και εξακολουθεί να τη θέλει. Η προσφορά που δε στηρίζεται στην αναγνώριση της αξίας του άλλου, αλλά στηρίζεται στην ανάγκη του δότη για αναγνώριση, παύει να είναι προσφορά και γίνεται χειραγώγηση.

Η Λουκία αργεί να τον ερμηνεύσει με το δικό της τρόπο. Δε θέλει; Δεν μπορεί; Δεν αντέχει; Δεν ξέρει;

Αυτό που σίγουρα καταλαβαίνει και βιώνει είναι ότι δε ζει ευτυχισμένα μαζί του. Σ' αυτό μένει, αυτό την καθορίζει και παίρνει την απόφαση να φύγει. Όμως μέσα της δεν τον έχει φωτίσει με δικά της φώτα, δεν τον έχει δει με δικά της μάτια, δεν τον έχει καταχωρήσει με δικό της τρόπο. Ίσως τότε να τον έβλεπε σαν κάποιον που έχει μάθει να χρησιμοποιεί την "καλοσύνη" μόνο για να ελέγχει, σαν έναν συναισθηματικά αγράμματο που αγνοεί ακόμη και τη συναισθηματική αλφαβήτα!

Μάρκος: Παρουσιάζεται σαν ποιητής, σαν φευγάτος, σαν εκκεντρικός. Εξαγοράζει το θαυμασμό ή την αποδοχή των γύρω άλλοτε ποντάροντας στη γοητεία του, άλλοτε στην οικονομική του επιφάνεια, άλλοτε στην παραξενιά του.

Η Λουκία τσιμπάει το δόλωμα! Έτσι τον βλέπει, έτσι της αρέσει, έτσι τον υπερασπίζεται. Ό,τι και να κάνει ο Μάρκος, η Λουκία το φιλτράρει μέσα από την αρχική της διάγνωση –που είναι η δική του– και το καταχωρεί σαν ρομαντισμό, σαν φιλοσοφία ζωής, σαν χαριτωμένη τσαχπινιά.

Ο Μάρκος βρίσκει στο πρόσωπό της τον ιδανικό θεατή και χειροκροτητή του. Καταλαβαίνει ότι την εντυπωσιάζει και τη γοητεύει. Λατρεύει το σόου και κάθε φορά αναζητά τα φώτα για να γίνεται πρωταγωνιστής. Έχει ανάγκη να βρίσκεται στο προσκήνιο, έχει ανάγκη να επιβεβαιώνεται. Η Λουκία του δίνει απλόχερα τη συναίνεσή της κι έτσι σιγά σιγά απορροφάται από τη λογική και τις συνήθειές του.

Ο χωρισμός τους είναι αντάξιος της ποιότητας της σχέσης τους. Η Λουκία όμως δεν πρόλαβε να τον απομυθοποιήσει, δεν κατάφερε να δοκιμάσει και "άλλα μάτια" για να τον δει και να τον ερμηνεύσει. Από την πλευρά του, ο Μάρκος ίσως βαρέθηκε, ίσως κουράστηκε να έχει το ίδιο κοινό συνέχεια και θέλησε να αλλάξει θέαμα και θεατές. Οι Μάρκοι αυτού του κόσμου δεν έχουν μάθει να δίνονται και να αγαπούν. Φέρονται εγωκεντρικά, κάλπικα, σαν "εαυτούληδες".

Ευτυχώς η Λουκία με το γνωστό "σωστικό εξοπλισμό" της τον ξεπερνάει γρήγορα. Για να γοητευτεί όμως στη συνέχεια από έναν καινούργιο "ψαρωτικό" άντρα, αυτή τη φορά σε διαφορετική παραλλαγή· αυτήν του "άντρας είμαι και το δείχνω".

Ο Θωμάς έκανε την είσοδό του στη ζωή μου με τρόπο πολύ... ιπποτικό. Μια Παρασκευή απόγευμα σε μια συμπαθέστατη καφετέρια, πάνω που απολαμβάναμε με μια φίλη τον καφέ μας, να σου δύο μάγκες θρονιάζονται ακριβώς στο διπλανό μας τραπέζι και αρχίζουν εκείνο το σιχαμένο καμάκι που όχι μόνο δεν υπάρχει τρόπος να σ' αρέσει, αλλά αντίθετα σε εξοργίζει και σε απωθεί.

Τότε ξεπρόβαλε σαν από μηχανής θεός ο Θωμάς, ο ιδιοκτήτης του μαγαζιού, όπως μας είπε. Σε λίγο οι τύποι πετάχτηκαν έξω κι εμείς απολαύσαμε τη φιλοξενία του καινούργιου μας φίλου. Οι ώρες πέρασαν, ο καφές έγινε μπίρα κι η μπίρα φαγητό.

Δέχτηκα να ξαναϊδωθούμε, γιατί είχε κάτι αρρενωπό, εξέπεμπε το "εγώ είμαι εδώ, ο άντρας που μπορείς να βασιστείς, να στηριχτείς". Έλεγε βέβαια και κάτι τέτοια, του τύπου "Ο άντρας έλκεται απ' τη γυναίκα σαν απ' το τριαντάφυλλο, ακόμα κι αν τον τρυπήσει, τη θέλει και την αγαπάει". Και μιλούσε πάντα για τον εαυτό του σε τρίτο πρόσωπο. Έβγαζε όμως μια αγνότητα, κάτι καθαρό, γνήσιο.

Όταν ξαναβρεθήκαμε, μου μίλησε πολύ για τον εαυτό του. Μου είπε ότι αυτός θα ήταν πάντα εντάξει απέναντι στη γυναίκα του, αλλά είχε την απαίτηση να είναι κι αυτή σωστή, σεμνή, ειλικρινής και ηθική.

Ο Θωμάς δεν ήθελε να κάνουμε σεξ απλά γιατί "έτσι κάνουν όλοι". Κατ' αυτόν, το σπέρμα του ήταν πολύτιμο γι' αυτό ήθελε να το χαρίζει όπου και όταν εκείνος ήθελε, επιλεκτικά.

Εκείνη την εποχή, μου είχαν φανεί πολύ λογικά και τίμια όσα έλεγε. Τώρα θα έλεγα ότι ο τύπος είναι προβληματικός, αλλά τέλος πάντων.

Τρεις μήνες αφότου γνωριστήκαμε και τα φτιάξαμε, μου ζήτησε να πάμε στο χωριό του να με γνωρίσουν οι δικοί του. Με τάραξε όμως στις συμβουλές, στις παραινέσεις, στα "πρέπει" και τα "πρόσεχε". Βέβαια, πάντα είχε άποψη για τα ρούχα μου, πάντα γκρίνιαζε, αν έβαζα κάτι με μεγαλύτερο ντεκολτέ ή λίγο στενό ή πιο κοντό, αλλά το απέδιδα στην "αξιοπρέπεια του άντρα" που έκρυβε μέσα του, και το 'ριχνα στο αστείο.

Και στις απόψεις του για τις γυναίκες ήταν πολύ συντηρητικός. Συνήθιζε να λέει ότι αυτός δεν καταλάβαινε τα περί ανεξαρτησίας και ισοτιμίας και ότι ήταν ένας απλός χωριάτης που όταν κάνει την τιμή σε μια γυναίκα να της χαρίσει την καρδιά του, απαιτεί και περιμένει από αυτήν να τον ανταμείψει με υπακοή, αφοσίωση και φροντίδα.

Τι να κάνω, μου προέκυψε λίγο "πρωτόγονος", αλλά ήταν πολύ γλυκός και μου άρεσε το πάθος του, όταν μιλούσε για όλα αυτά. Άλλωστε είπαμε, η ανδρική του τιμή ήταν πάνω απ' όλα! Αχ, αυτά τα παραδοσιακά αρσενικά!

Έφυγα όμως πολύ απ' το θέμα μας.

Στο πατρικό του μας υποδέχτηκαν μητέρα, πατέρας, αδέλφια με τις γυναίκες τους, ξαδέλφια, παππούς, γιαγιά, γείτονες. Η κυρά Παναγιώτα, η μαμά του, δεν προλάβαινε να κάνει καφέδες και να κερνάει για το καλό. Όλοι χαίρονταν, όλοι εύχονταν, αλλά εγώ δεν είχα καταλάβει ποιο ήταν το καλό! Ο Θωμάς με προέτρεπε να συμμετέχω σε όλα για να τους δείξω –όπως μου είπε στο αυτί– πόσο άξια είμαι...

Δεν έμεινε λοιπόν, εκείνο το διήμερο, τραπέζι που να μη στρώσω, πιάτο που να μην πλύνω, καφές που να μην ψήσω. Ο καλός μου έλαμπε από περηφάνια και δε σταματούσε να μου φορτώνει κι άλλες δουλειές.

Όταν περιέγραψα τη σκηνή στη Στέλλα και δικαιολόγησα την κατάσταση λέγοντας ότι επρόκειτο για αγνούς χωριάτες, έγινε έξαλλη και τον αποκάλεσε φαλλοκράτη και άντρα των σπηλαίων, επιμένοντας ότι δε γινόταν να αποκαλώ τα πάντα χωριάτικη αγνότητα *και ελληνική λεβεντιά, γιατί κι εγώ από χωριό ήμουν χωρίς να είμαι ούτε πρωτόγονη, ούτε χοντράνθρωπος.*

Κι εγώ όμως είχα αρχίσει να βαριέμαι όλη αυτή τη λεβεντιά και την ανδρική τιμή. Είχα αρχίσει να ενοχλούμαι με την επίδειξη αγνής ανδροπρέπειας και πρωτόγονης αρρενωπότητας.

Όταν του είπα να χωρίσουμε, έγινε πυρ και μανία. Πώς τολμούσα να τον αφήσω; Αυτόν που μου έκανε την τιμή να με γνωρίσει στην οικογένειά του, αυτόν που νοιαζόταν για μένα τόσο πολύ, αυτόν που με σεβόταν και με εκτιμούσε, αυτόν που μ' αγάπησε βαθιά.

Ένα μήνα με πιλάτευε και μου έλεγε όλα αυτά, αλλά και τα άλλα για το τριαντάφυλλο, για το σπέρμα του και πάντα σε... τρίτο πρόσωπο! Άλλοτε ερχόταν μεθυσμένος και χτυπούσε την πόρτα μου κι έκλαιγε, άλλοτε έπαιρνε τηλέφωνο και με έβριζε, άλλοτε το 'παιζε θύμα και ήρωας.

Η Στέλλα υποστήριζε ότι ήταν και είναι ένας απαίσιος μισογύνης που υποτιμάει και μισεί τις γυναίκες. Κι ότι καλά θα έκανα να ανοίξω τα μάτια μου και να το δω, και να μην υποχωρήσω.

Κάποια στιγμή το πήρε απόφαση και μου ορκίστηκε στην ανδρική του τιμή ότι δε θα με ξαναενοχλούσε. Τότε τον πίστεψα γιατί, είπαμε, η ανδρική τιμή είναι συμβόλαιο, νόμος: Ο άντρας έχει τιμή κι αν δεν την τιμήσει, πρέπει να πεθάνει!

Ο Θωμάς πλασάρεται ως Αρσενικό –με άλφα κεφαλαίο– και λεβέντης. Ισορροπεί στο ρόλο του προστάτη της αδύναμης γυναίκας και διεκδικεί εγωιστικά τη γυναίκα ως κτήμα του.

Έτσι έχει μάθει να λειτουργεί, έτσι του αρέσει, έτσι θέλει να πράττει και απαιτεί. Έχει ανάγκη να εισπράττει αποδοχή και θαυμασμό. Δίνει στη Λουκία από την αρχή όλα εκείνα τα στοιχεία που θα την έκαναν να το βάλει στα πόδια, όπως κάθε γυναίκα που σέβεται τον εαυτό της και το σύντροφό της. Όμως βάζοντας τις απόψεις του κάτω από την ταμπέλα του **ντόμπρου** αρσενικού, εγκλωβίζει τη Λουκία και της "βάζει τα δικά του γυαλιά". Αυτός προτείνει το περίγραμμα και η Λουκία προσαρμόζεται. Μόνο που κινδυνεύει σιγά σιγά να μετατραπεί σε κάτι που δεν της αρέσει, σε κάτι που δεν την εκφράζει.

Ευτυχώς όμως το καμπανάκι του κινδύνου χτυπάει έγκαιρα και η θιγμένη αξιοπρέπειά της ξυπνάει και την οδηγεί στην απομάκρυνση.

Εκεί ο λεβέντης θυμώνει. Αρνείται την επιθυμία της Λουκίας για χωρισμό γιατί την εισπράττει σαν απόρριψη. Απειλεί, παρακαλάει, κάνει οτιδήποτε χρειαστεί για να μη χάσει το χειροκροτητή του.

Δεν είναι τυχαίο που ο Θωμάς, όπως όλοι οι Θωμάδες, όταν μιλάει για τον εαυτό του χρησιμοποιεί τρίτο ενικό πρόσωπο. Λες και η σχέση του ίδιου με τον εαυτό του είναι μια σχέση δύο άγνωστων. Χρησιμοποιεί το "ο Θωμάς νομίζει" ή "ο Θωμάς λέει", αντί για το "νομίζω", "λέω" κλπ. Εκφράζει τον πόνο του λέγοντας "ο Θωμάς πληγώθηκε", αντί για το "εγώ πληγώθηκα". **Αποφεύγει** να πάρει στοιχειώδη ευθύνη γνώμης και συναισθημάτων!

Αυτό η Λουκία το παρατηρεί, το καταγράφει, αλλά δεν το αξιολογεί, δεν το προσέχει. Δεν ξέρει το πώς, δεν έχει ασχοληθεί με το να διαμορφώσει δικά της κριτήρια, δική της γνώμη και άποψη. Κάποια στιγμή όλα καταλαγιάζουν και ο θιγμένος ανδρισμός ανοίγει πανιά για άλλη γυναίκα-κτήμα.

Η Λουκία, αν και έχει ως τώρα αρκετά δεδομένα για να αναρωτηθεί για τις επιλογές της στους άντρες, δεν το κάνει ουσιαστικά, με σοβαρότητα. Κάνει κάποιες εξωτερικές, επιφανειακές αλλαγές στη ζωή της, χρήσιμες κι αυτές, όχι όμως καθοριστικές. Έτσι ετοιμάζεται ακάθεκτη να ξαναβρεί τον επόμενο άντρα στον οποίο θα χαρίσει το θαυμασμό και την αφοσίωσή της. Είναι όμως λίγο πιο ψυλλιασμένη από παλιά και έχοντας κάπως πιο ανοιχτά τα μάτια και τα αυτιά της, αρχίζει να βάζει δειλά δειλά σε λειτουργία την **προσωπική της** κρίση. Προσπαθεί να βάλει στη θέση τους όλα τα κομματάκια του παζλ όπως αυτή νομίζει. Η προσπάθειά της να ερμηνεύσει τα πράγματα καταλήγει στην απαρέσκειά της για τον Πάνο και, στη συνέχεια, στην άρνησή της να γίνουν ζευγάρι.

Ας δούμε όμως και την ιστορία της με τον Πάνο:

Όταν σταμάτησε το δράμα και ο θρήνος του Θωμά, ένιωσα ο πιο ευτυχής άνθρωπος του κόσμου. Άρχισα μαθήματα λάτιν χορών και γράφτηκα σε μια ομάδα ερασιτεχνικής φωτογραφίας για να παρακολουθήσω μια σειρά είκοσι μαθημάτων. Στην ομάδα ήμασταν έξι κορίτσια και τέσσερα αγόρια μεταξύ των οποίων ο Πάνος. Γιατί αναφέρω ειδικά τον Πάνο; Γιατί μετά τον Θωμά ήταν μια ανάσα υγείας.

Έμενε σ' ένα μικρό δυαράκι μόνος, ήξερε να μαγειρεύει, να συγυρίζει και να ράβει... στριφώματα! Εν ολίγοις, ήταν άντρας για σπίτι, όπως έλεγε. Πίστευε στην ισότητα των δύο φύλων και το έδειχνε με τις πράξεις του. Με προειδοποίησε να μην περιμένω απ' αυτόν τσιριμόνιες και γαλιφιές, γιατί ένιωθε τη γυναίκα ισότιμη σύντροφο και όχι αδύναμο γατάκι που χρειάζεται προστασία. Μου είπε ακόμη ότι αυτός ήταν πάντα ειλικρινής και έλεγε τα πράγματα με το όνομά τους. Μου άρεσαν όσα μου είπε για τον εαυτό του και δέχτηκα να βγούμε για καφέ. Ομολογώ ότι ήταν αρκετά ευχάριστη συντροφιά. Βέβαια, στο τέλος πληρώσαμε το λογαριασμό μισό μισό γιατί είπαμε: ΙΣΟΤΗΤΑ.

Συνεχίσαμε να βγαίνουμε φιλικά μετά το μάθημα για αρκετό καιρό. Παράλληλα, ως επίδοξοι καλλιτέχνες, δουλεύαμε σκληρά και κάποια στιγμή εκθέσαμε το έργο μας περιμένοντας αγωνιωδώς την κριτική των συναδέλφων.

Γενικά, ακούστηκαν καλά λόγια απ' όλους σε όλους, εκτός από τον Πάνο. Καταλόγισε σε πολλούς έλλειψη φαντασίας, μηδαμινή αίσθηση κάδρου και αδυναμία σύνθεσης, εν ολίγοις παντελή απουσία ταλέντου. Τους σύστησε δε να ασχοληθούν με οτιδήποτε άλλο, γιατί θα το έκαναν σίγουρα καλύτερα, μιας και η επίδοσή τους στη φωτογραφία έπιανε πάτο!

Κόκαλο τα παιδιά, αμήχανος ο δάσκαλος, σιωπηλοί εμείς... Αργότερα, στην κουβέντα στο μπαράκι, ο Πάνος εξήγησε ότι δεν ήθελε να κοροϊδεύει κανέναν πίσω απ' την πλάτη του, να δημιουργεί ψευδαισθήσεις ή να θεωρηθεί κανένας αδύναμος που φοβάται την αλήθεια. Έτσι όπως τα 'λεγε, φαινόταν να έχει δίκιο, αλλά στενοχωρήθηκα, ένιωσα άβολα, γιατί σίγουρα δε θα 'θελα να είμαι για τίποτα στον κόσμο στη θέση των... ατάλαντων.

Όσο για μας, το πάλευα το θέμα. Εντωμεταξύ, ο Πάνος, με απόλυτη σοβαρότητα, μου μίλησε για τις σκέψεις του, ότι δηλαδή έβρισκε πως ταιριάζαμε κι ότι θα κάναμε ένα καλό ντουέτο με αμοιβαία εκτίμηση, ειλικρίνεια και συντροφικότητα.

Ωραία τα έλεγε, αλλά ήταν πολύ στεγνά, βρε κορίτσια... Ούτε λέξη για συναισθήματα, για έρωτα, για αγάπη... Ούτε λίγη μουσική ή ατμόσφαιρα ερωτική...

Μια μέρα που ήταν να βγούμε έξω, ανακάλυψα με έκπληξη ότι δύο από τα αγαπημένα μου παντελόνια, τα πιο άνετα, δε μου χωρούσαν πια. Είχα καταλάβει ότι φορτώθηκα μερικά κιλάκια, αλλά δεν έδωσα πολλή σημασία ελπίζοντας να τα χάσω γρήγορα.

Πάνω, λοιπόν, που ξεκίνησα να λέω τον πόνο μου στον Πάνο και να ψάχνω δίαιτα, αυτός με διέκοψε και με ύφος δέκα καρδιναλίων μου είπε τα ακόλουθα: Άφησες το σώμα σου να χαλάσει και σε λίγο θα είναι γεμάτο κυτταρίτιδα και περιττά παχάκια. Σε λίγα χρόνια, αν δεν προσέξεις, θα γίνεις σαν όλες τις Ελληνίδες που δένουν το γάιδαρό τους με την παντρειά κι ύστερα αφήνονται να μπαταλέψουν. Ήδη έγινες, για να πω ευθέως τη λέξη, χοντρή και σταμάτα να κανακεύεις τον εαυτό σου. Ασχήμυνες κι έχασες τη γοητεία σου. Χόντρυνες κι έχασες την τσαχπινιά σου. Συγνώμη, αν σε στενοχωρώ, αλλά εγώ σε πονάω και σε βλέπω όχι σαν αδύναμο πλάσμα, αλλά σαν άντρα!

Η πρώτη σκέψη μου ήταν: Θεέ μου, σε λίγο θα μου ζητήσει να σταματήσω να ξυρίζω τα πόδια και τις μασχάλες μου για να μου αποδείξει την άποψή του περί ισότητας... Η δεύτερη σκέψη ήταν: Τώρα αυτός στ' αλήθεια με νοιάζεται και τα λέει αυτά;

Ύστερα, προσπάθησα να το φιλοσοφήσω και να δω πέρα απ' τα λόγια του. Αλλά δε μου έβγαινε! Δεν την ήθελα τόση ειλικρίνεια, όταν αυτή πλήγωνε τόσο πολύ! Δεν άντεχα τόση ευθύτητα, όταν μείωνε την αξιοπρέπειά μου.

Η Στέλλα, όταν το συζήτησα μαζί της, μου είπε ότι ο "Σκρουτζ" –έτσι έλεγε τον Πάνο γιατί υποστήριζε ότι είναι τσιγκούνης κι όχι φαν της ισότητας– δεν ήταν ειλικρινής και ντόμπρος, αλλά αγενής, σκληρός, κακότροπος και κομπλεξικός. Ότι ήταν γεμάτος χολή, πικρός και στυφός. Καλά θα έκανα, λοιπόν, να μην μπλέξω μαζί του, γιατί θα τσάκιζε τόσο την αυτοπεποίθησή μου όσο και την αξιοπρέπειά μου.

Λίγες μέρες μετά, η Μαίρη, το καινούργιο μέλος της φωτογραφικής ομάδας, είπε ακριβώς τα ίδια λόγια στον Πάνο, ύστερα από ένα ρεσιτάλ "ειλικρινούς κριτικής" που της έκανε ενώπιον όλων.

Αναρωτήθηκα μήπως είχαν δίκιο τελικά. Αρνήθηκα την πρότασή του κι ο Πάνος έφυγε από την ομάδα λέγοντας σε όλους ότι ήταν παρεξηγημένος γιατί κανείς σήμερα δεν εκτιμούσε την αλήθεια. Αφότου έφυγε, ένας καινούργιος αέρας άρχισε να πνέει στην ομάδα... Πιο γλυκός, πιο ελαφρύς, πιο χαρούμενος.

Αυτή λοιπόν την ωραία εποχή γνώρισα τον Νικήτα, το σημερινό μου αγαπημένο. Τι να πω γι' αυτόν; Ότι είναι έξω καρδιά, ότι είναι γεμάτος καλοσύνη; Ότι είναι ηθικός και τίμιος; Είναι περήφανος για τον εαυτό του και ευτυχισμένος με τη ζωή του. Δεν καταπιέζεται για τίποτα και με τίποτα, δεν έχει άγχος ούτε κατάθλιψη. Εκτιμάει ό,τι έχει και φροντίζει να το απολαμβάνει στο μέγιστο βαθμό. Όλη αυτή η εσωτερική του συγκρότηση και ο δυναμισμός του εξαργυρώνεται σε γοητεία και ομορφιά, κάτι στο οποίο δεν έμεινα ασυγκίνητη ούτε εγώ ούτε οι υπόλοιπες κοπέλες της ομάδας. Όμως, εκείνος διάλεξε εμένα, προς μεγάλη μου χαρά.

Η ζωή μας περνούσε μέσα σε γέλια, χαρές, τρυφερότητες, πειράγματα, ρομάντζο κι έρωτα. Κάποια στιγμή, δυο μήνες αργότερα, αποφασίσαμε να μείνουμε μαζί. Και τότε είδα μια πλευρά του που με δυσκόλεψε αρκετά. Δεν μπορούσα να βασιστώ πάνω του για οτιδήποτε αφορούσε στο σπίτι. Κάθε φορά που χαλούσε κάτι στο σπίτι, ο Νικήτας, πρόθυμος κι ενθουσιώδης, υποσχόταν ότι αυτός θα το έφτιαχνε όσο πιο γρήγορα γινόταν. Πότε όμως του έλειπαν εργαλεία, πότε έσπαζε κάτι κατά λάθος, πότε τον ζητούσαν στο τηλέφωνο, έμενε στο τέλος η δουλειά στη μέση. Μετά έμπλεκε με τα δικά του, μετά το θυμόταν, μετά μου ζητούσε συγνώμη και προσπαθούσε ξανά και πάλι απ' την αρχή.

Έκανα υπομονή και του έδινα τράτο χρόνου για να διορθώσει αυτή την παιδικότητα που δεν κολλούσε με το ρόλο που ήθελε να παίξει ως άντρας πολυπράγμων και ικανός για όλα. Είπαμε να αφήσουμε το παιδί να βγαίνει από μέσα μας, αλλά σ' όλα υπάρχει ένα όριο. Κι ο Νικήτας ήταν στο τσακ να το περάσει.

Εκεί λοιπόν που προβληματιζόμουν και στενοχωριόμουν, ήρθε η φίλη μου η Στέλλα να μου ξεκαθαρίσει το τοπίο. Μου είπε, εν ολίγοις, ότι ο Νικήτας ήταν απλά ατάλαντος και καλό ήταν να το έβλεπα καθαρά και να μη φοράω φίλτρα και πέπλα που τον έδειχναν ανώριμο, "παιδί" ή άλλες κουταμάρες. Ο άνθρωπος απλά δεν τα κατάφερνε σαν μάστορας. Το θέμα ήταν αν και πόσο αυτό πείραζε εμένα, κατά πόσο μπορούσα να ζήσω μ' αυτήν τη διαπίστωση.

Κουβέντα στην κουβέντα φτάσαμε ως τον Θωμά και τον Μενέλαο, και τότε μου μίλησε για την τάση που είχα να απορροφώ τη λογική του άλλου και να την υιοθετώ. Για την έλλειψη της δικής μου γνώμης. Δεν ξέρω, ήταν η πρώτη φορά που χάρηκα τόσο πολύ κουβέντα κι ας ήταν δύσκολη και... ζόρικη. Ίσως να ήμουν πιο ανοιχτή για να ακούσω, ίσως ο Νικήτας να ήταν ισχυρό κίνητρο για να ψάξω τα πράγματα, ίσως η Στέλλα να ήταν αυτή τη φορά πιο γλυκιά και ήπια στα σχόλιά της.

Από τη στιγμή που είδα το ζήτημα κάτω απ' αυτό το πρίσμα, ένιωσα να φεύγει ένα βάρος από πάνω μου. Αφού δεν είχα πια αναμονές απ' τον Νικήτα, δε θύμωνα και με τη διάψευσή τους.

Όταν το κουβέντιασα μαζί του, μου εξομολογήθηκε ότι ανέκαθεν σιχαινόταν τις επιδιορθώσεις στο σπίτι, αλλά ήθελε να με ευχαριστήσει και να το παίξει ο άντρας "κολόνα" του σπιτιού.

Ήταν πολύ γλυκός, συγκινητικός και αφοπλιστικός μες στην ειλικρίνειά του. Δε με ένοιαζε να είναι τέλειος, απλά ήθελα να ήξερα ***πού*** *βρισκόμουν, με* ***ποιον*** *είχα να κάνω και* ***τι*** *θα μπορούσε να καταφέρει. Έτσι, μπόρεσα κι εγώ να του πω πόσο πολύτιμος ήταν για μένα, πόσο τον αγαπούσα και πόσο τον ένιωθα δίπλα μου σύντροφο αγαπημένο κι αληθινό, κι ότι δε με ένοιαζαν ιδιαίτερα και επί της ουσίας τα μικροπράγματα και τα δευτερεύοντα...*

Η Λουκία ήρθε στο κέντρο Ψ για να γνωρίσει καλύτερα τον εαυτό της –όπως μας είπε– και να μάθει να διαμορφώνει τη δική της γνώμη χωρίς να παρασύρεται από το σύντροφό της.

Ο Πάνος, όπως όλοι οι "τα λέω έξω από τα δόντια", χρησιμοποιεί την ειλικρίνεια σαν μανιέρα. Κρύβεται από πίσω της για να νιώθει και να δείχνει σπουδαίος και σημαντικός. Γι' αυτόν η ειλικρίνεια είναι ακράτεια σε όσα αρνητικά εντοπίζει στους συνανθρώπους του. Την ξερνάει ανεξέλεγκτα πάνω τους χωρίς να συνυπολογίσει πού βρίσκεται, με ποιον, για ποιο σκοπό. Ρίχνει κουβέντες "ειλικρίνειας" με τρόπο σκληρό και προσβλητικό, σαν να είναι η πανάκεια για όλες τις καταστάσεις και τους ανθρώπους. Δεν τον ενδιαφέρει ο αυτοσεβασμός του διπλανού του, δεν τον υπολογίζει, δεν τον μετράει. Πετάει στο πρόσωπο των άλλων τις αδυναμίες και τα ελαττώματά τους, **στο όνομα** πάντα της "ειλικρίνειας", ανεξέλεγκτα, εγωιστικά και σκληρά.

Η ειλικρίνεια είναι εργαλείο που απαιτεί σύνεση και ωριμότητα για να τη χειριστεί κανείς. Σκοπός της είναι να προωθήσει τις σχέσεις αγάπης, επικοινωνίας και εμπιστοσύνης μεταξύ των ανθρώπων, όχι να τους βάλει να κατασπαράσσονται εκθέτοντας βίαια ο ένας τις αδυναμίες του άλλου. Δεν πετάμε την αλήθεια στα μούτρα του διπλανού μας και δεν έχουμε το προνόμιο να γνωρίζουμε την απόλυτη, αντικειμενική και μοναδική αλήθεια. Έχουμε μια άποψη, μια αντίληψη των γεγονότων που συχνά διαφέρει εντελώς από αυτή του διπλανού μας. Άλλα βιώματα έχει ο καθένας μας, άλλα περιμένει στη ζωή του, αλλιώς νιώθει την προσωπική του αξία, αλλιώς εισπράττει τις ανάγκες του. Άρα, αλλιώς καταχωρεί και αντιλαμβάνεται ό,τι συμβαίνει γύρω του.

Ο Πάνος δε φαίνεται να το γνωρίζει αυτό ούτε το καταλαβαίνει, όταν το εισπράττει από τους γύρω του. Οχυρώνεται πίσω από το "δε με καταλαβαίνουν" και φεύγει για να συνεχίσει να πληγώνει και να επιτίθεται...

Ας γυρίσουμε όμως στη Λουκία, η οποία στη συνέχεια ερωτεύεται βαθιά τον Νικήτα. Ταιριάζει μαζί του, τον θαυμάζει, τον σέβεται, τον αγαπάει. Όμως η ευτυχία της σκοντάφτει σε κάτι που, έτσι όπως το εισπράττει μέσα από τα λόγια του Νικήτα, της δημιουργεί πρόβλημα.

Η πολυπραγμοσύνη του συντρόφου της, έτσι όπως ο ίδιος την παρουσιάζει, τη ζορίζει. Εισπράττει ανικανότητα και παιδική συμπεριφορά που άδικα περιμένει να μεταβληθεί σε ενήλικη ωριμότητα και περιμένοντας χάνει το κέφι της, στενοχωριέται, θυμώνει.

Η Στέλλα ερχόταν πάντα στις προηγούμενες σχέσεις της Λουκίας να της δώσει τη διαφορετική πινελιά, ένα διαφορετικό βλέμμα, με τρόπο όμως σκληρό και σαρκαστικό, κάτι που δεν εισπράττεται θετικά από τη Λουκία. Θυμίζει λίγο το μικρό παιδάκι που αναφώνησε "ο βασιλιάς είναι γυμνός" στο γνωστό παραμύθι του Άντερσεν.

Τώρα θες επειδή η Λουκία έχει κάνει μεγάλο ταξίδι γνώσης και εμπειρίας, θες επειδή έχει ισχυρό κίνητρο –τον έρωτα του Νικήτα– για να παλέψει την ιστορία, θες επειδή η Στέλλα της μιλάει χωρίς σαρκασμό και ειρωνεία, θες επειδή τελικά, κλείνοντας αυτός ο κύκλος της ζωής της, δείχνει να φτάνει σε αδιέξοδο, κινητοποιείται και αναρωτιέται. Ακούει, αναλύει, σκέφτεται. Μετράει τις αντοχές και τα θέλω της, υπολογίζει τις υποχωρήσεις και τα όριά της.

Με πιο ξεκάθαρο γι' αυτήν τοπίο, τα πράγματα μοιάζουν απλούστερα. Μπορεί ευκολότερα να κάνει τις επιλογές της και να διεκδικήσει την ευτυχία της. Μπορεί να θέσει αυτόνομα τη σκέψη και τα συναισθήματά της από αυτά του συντρόφου της, μπορεί να φτιάξει μια σχέση όπου δε θα παραδίνεται, δε θα αφήνεται να αφομοιωθεί από το σύντροφό της.

Κάθε άντρας είναι ό,τι είναι και έτσι έχει ανάγκη, έτσι του αρέσει, έτσι έχει μάθει να σκέφτεται, να εκφράζεται, να συμπεριφέρεται και να κουμπώνει με τους συνανθρώπους του. Το θέμα είναι κατά πόσο εμείς βασιζόμαστε στην προσωπική μας κρίση για να ερμηνεύσουμε όσα συμβαίνουν. Με γνώμονα τις εμπειρίες μας, τις γνώσεις μας, το οικογενειακό, κοινωνικό μας υπόβαθρο, τον ηθικό και συναισθηματικό μας κώδικα και άλλες πολλές παραμέτρους μπορούμε να τολμήσουμε τη δική μας οπτική, τη δική μας άποψη και γνώμη στα πράγματα. Από κει και πέρα θα προσμετρήσουμε και θα αξιολογήσουμε ξανά τις επιθυμίες και τις απαιτήσεις του άντρα. Θα υπολογίσουμε τι μπορούμε να ανεχτούμε, τι να αγνοήσουμε, τι να διακωμωδήσουμε καλοπροαίρετα, τι να απορρίψουμε.

Κάθε γυναίκα, όταν επιλέγει σύντροφο, αξίζει να μην υποχωρεί σε δύο τρία κατ' ουσία σημαντικά θέματα, αν θέλει μια υγιή και στέρεα σχέση. Ίσως δεν μπορούν όλες να τα εκφράσουν καθαρά, ίσως να μην είναι εντελώς ξεκάθαρα στο μυαλό τους, ίσως χρησιμοποιούν άλλες λέξεις για να τα πουν, όλες όμως θέλουν έναν άντρα γοητευτικό στα μάτια τους, με μπέσα και αρχές, ανοιχτή καρδιά και σεβασμό στον εαυτό του, διατεθειμένο να αγαπήσει και να αγαπηθεί. Όμως για να συμβούν όλα αυτά, χρειάζεται και η ίδια να φροντίζει τον εαυτό της, έτσι ώστε να είναι ελκυστική, με άποψη και γνώμη, με ανοιχτή καρδιά και πλούσια συναισθήματα. Να τα εκφράζει με διάθεση να δεθεί, να αγαπήσει και να αφοσιωθεί, χωρίς να χάσει το προσωπικό της στίγμα.

Αυτά τα αδιαπραγμάτευτα ζητήματα είναι το σύνορο που καθορίζει αν κάποιος αξίζει ή όχι να γίνει σύντροφός μας. Από κει και πέρα, όλα τα άλλα βρίσκονται στη δική μας διάθεση και εφευρετικότητα για να ιδωθούν και να αντιμετωπιστούν. Υπάρχουν πολλοί τρόποι για να χειριστούμε ό,τι δευτερεύον μας φαίνεται ενοχλητικό, αστείο, βαρετό, ανόητο ή δυσλειτουργικό και μπορούμε να βρούμε ακόμη περισσότερους, όταν απολαμβάνουμε μια σχέση αγάπης. Όταν ο άνθρωπος που βρίσκεται δίπλα μας, είναι αυτός που εκτιμάμε, που αγαπάμε, που σεβόμαστε και επιθυμούμε, όταν κι αυτός νιώθει τα ίδια για μας, τότε γίνεται κάπως πιο απλό το να μάθουμε μαζί να αντιμετωπίζουμε όλα όσα δε μας αρέσουν.

Η Λουκία σχετίστηκε με τρεις άντρες, τους οποίους αν έβλεπε με τα δικά της μάτια, ενδεχομένως θα απέκλειε ακόμα και το ίδιο το φλερτ μαζί τους, όπως έκανε αργότερα με τον Πάνο.

Η Λουκία έκρυβε ψυχική υγεία μέσα της, αρκετή για να μην μπορέσει να αντέξει συμπεριφορές εγωιστικές και χειριστικές. Μόνο που δεν έμαθε ποτέ να δίνει ψήφο εμπιστοσύνης εξαρχής στον εαυτό της και να αναλαμβάνει το ρίσκο μιας δικής της ερμηνείας των πραγμάτων.

Η γυναίκα "χαμαιλέων" βολεύεται στο ρόλο του φερέφωνου. Της είναι πιο εύκολο να γίνεται αρεστή προσαρμόζοντας το "χρώμα" της στον άντρα που βρίσκεται δίπλα της απ' το να μπει σε διαδικασία ερμηνείας και κατανόησής του. Έτσι αποφεύγει να διακινδυνεύσει μια άποψη "χαζή", αδόκιμη ή λανθασμένη και καταλαγιάζει το φόβο της να εκτεθεί ως ανόητη και ασήμαντη.

Όλοι θέλουμε να αρέσουμε, όλοι επιθυμούμε την αποδοχή, όλοι επιζητούμε και χρειαζόμαστε την επιδοκιμασία. Όμως αυτή δεν είναι αυτοσκοπός, δεν είναι κάτι που με χαμαιλεοντισμό και θυσίες πρέπει να κυνηγάμε. Πρώτα μαθαίνουμε να διαμορφώνουμε απόψεις και ύστερα σταδιακά ρισκάρουμε να τις εκφράσουμε. Αν δεν "εκτεθούμε" βγάζοντας προς τα έξω την προσωπική μας άποψη, τότε θα μοιάζουμε με χειροκροτητές, χρήσιμους μεν, υποτιμημένους δε. Οι γύρω μας εκτιμούν και υπολογίζουν όσους έχουν και εκφράζουν τα πιστεύω τους, ακόμη κι αν διαφωνούν με αυτά. Βολεύονται με "υπηκόους", αλλά αγαπούν και ερωτεύονται αυτούς που βάζουν τον εαυτό τους σε ισότιμη μοίρα.

Το ερωτικό πλησίασμα δύο ανθρώπων χρειάζεται συντρόφους θαρραλέους και δυναμικούς, ικανούς **να έχουν** δικά τους κριτήρια ερμηνείας των πραγμάτων και **να τολμούν** να τα εκφράζουν φτιάχνοντας έτσι μια βάση διαλόγου με συμφωνίες και διαφωνίες, αλλά πάντα με αμοιβαίο σεβασμό και αποδοχή της διαφορετικότητάς τους. Συχνά μας μαθαίνουν, κι εμείς το πιστεύουμε, ότι πρέπει να μοιάζουμε με το σύντροφό μας για να είμαστε ταιριαστοί. Πιστεύουμε ότι η αγάπη σημαίνει ταίριασμα στις απόψεις και τον τρόπο σκέψης και συμπεριφοράς. Όταν λοιπόν έχουμε ανάγκη από επιβεβαίωση και αποδοχή και προκειμένου να τα κερδίσουμε, προσαρμοζόμαστε αυτόματα στην οπτική του συντρόφου και συμπλέουμε με αυτόν, με τις ιδέες του, με όσα λέει, όσα υποστηρίζει, όσα επιθυμεί, όσα κάνει. Όταν η πίστη και η αίσθηση ότι αξίζουμε πηγάζει από εμάς, τότε δε χρειάζεται, δεν είναι ανάγκη να συμφωνούμε για να γίνουμε αρεστοί, για να δείξουμε ότι ταιριάζουμε.

Η έλλειψη ικανοποίησης κάνει τις περισσότερες φορές τη γυναίκα "χαμαιλέοντα" να αρχίσει κάποια στιγμή να ψάχνει τα πράγματα της ζωής και του εαυτού της. Να μάθει να τολμάει **να έχει** και **να αρθρώνει** προσωπική άποψη. Απελευθερωμένη από τα δεσμευτικά μάτια του συντρόφου της, να μπορεί να βλέπει μόνη της, να αποφασίζει μόνη της, να μετράει τα πράγματα μόνη της. Τότε μπορεί να πάρει την υπόθεση της επιλογής του συντρόφου της δυναμικά στα χέρια της, με επίγνωση και συναίσθηση των όσων βλέπει και νιώθει, κάνοντας ό,τι η ίδια θέλει ή θεωρεί σωστό. Μπορεί να διαλέξει το σύντροφό της με το δικό της μυαλό και τη δική της τρυφερή καρδιά, ελπίζοντας έτσι να γνωρίσει και να ζήσει όσα περιμένει και επιθυμεί!

Έκτη παγίδα:
Στο όνομα του πάθους

Η γυναίκα του πάθους είναι φαινομενικά πολύ ζωντανή, γεμάτη ενέργεια, ζωή, ένταση και δραματική διάθεση. Συμπεριφέρεται αυθόρμητα, όπως της αρέσει να λέει, και σαρκάζει ό,τι δεν της αρέσει και δεν την εκφράζει. Το πάθος, που μέσα της έχει καταγραφεί σαν συνώνυμο του έρωτα, παίζει κυρίαρχο ρόλο στη ζωή της και καθορίζει τις πράξεις και τις επιλογές της.

Όμως μπερδεύει τον έρωτα, τη χαρά και την αναστάτωση που φέρνει, με το ανεξέλεγκτο πάθος, τον παρορμητικό, σφοδρό χείμαρρο που συχνά πυκνά οδηγεί σε καταστροφές και αδιέξοδα.

Ο έρωτας έχει ομορφιά, έχει χαρά. Μας κάνει ομορφότερους, καλύτερους, δημιουργικότερους. Οι αγωνίες, οι αφηρημάδες, τα τσιμπήματα ζήλιας, τα "πονάκια" που μπορεί να φέρει είναι απλά, μικρά, αθώα, **διεγερτικά** που "νοστιμίζουν" και ομορφαίνουν τη σχέση.

Το πάθος έχει σκοτεινιά, έχει δυσπιστία, καχυποψία, πολύ μεγάλη ένταση, αλλά ελάχιστο έως καθόλου βάθος. Έχει ανασφάλειες, έχει ανταγωνισμό, έχει μνησικακία. Όλα όσα σε μια υγιή σχέση αποτελούν το αλατοπίπερό της, στο πάθος μπορούν να μετατραπούν σε επώδυνες παρεξηγήσεις και πηγές μεγάλης έντασης θυμού και πόνου.

Η γυναίκα του πάθους έχει αναγάγει αυτό το κριτήριο σε κινητήρια δύναμη της ζωής της. Δεν επιθυμεί απλά το πάθος· το επιδιώκει απελπισμένα, το διεκδικεί με πείσμα, το κυνηγάει γιατί το έχει ανάγκη, το χρειάζεται για να αποκτάει νόημα, όπως πιστεύει, η ζωή της. Εξαρτάται από αυτό για να έχει ενέργεια.

Έχει ανάγκη ένα σύντροφο που θα ξέρει να παίζει το παιχνίδι της συνεχούς διεκδίκησης. Θέλει αντιπαλότητα, ένταση, ρίσκο, διαρκή πάλη και επιβεβαίωση. Η ερωτική της επιθυμία μεγαλώνει όσο ο άντρας χτυπάει μια στο καρφί και μια στο πέταλο. Θεωρεί ότι ενδιαφέρων και πραγματικός **άντρας** είναι αυτός που παίζει το παιχνίδι της, που της προσφέρει ανατροπές. Θέλει, όπως συχνά θα την ακούσουμε να λέει, να την "τρέχει". Όσο πιο πολλές τρέλες κάνει για εκείνη, τόσο πιο πολύ πείθεται ότι την αγαπάει, όσο πιο πολλές ακρότητες κάνει η ίδια, τόσο πιο ερωτευμένη νιώθει. Όσο πιο πολλά καψώνια της κάνει, τόσο πιο πολύ την έλκει. Όσο πιο θεαματικά και ασυνήθιστα της ζητάει έπειτα συγνώμη, τόσο πιο πολύ τη γοητεύει.

Δύσκολα καταλαβαίνει ότι ο άντρας που "τρέχει" μια γυναίκα δεν είναι "ώριμο αρσενικό", αλλά ανασφαλές παιδάκι που θέλει να αποδεικνύει συνέχεια τη δύναμη και την αξία του, παίζοντας με τις αντοχές και την αφοσίωση της γυναίκας!

Σε μια σχέση πάθους σπάνια υπάρχει διάλογος. Συνήθως ο κάθε σύντροφος φτιάχνει αυθαίρετα, μόνος του, σενάρια για τις πράξεις του άλλου και καταλήγει να συμπεριφέρεται καθορισμένος απ' αυτά. Δε μοιράζεται τις σκέψεις και τα συναισθήματά του, απλά τα επιβάλλει.

Αν υπάρχουν λόγια, υπάρχουν για να **δηλωθούν** πράγματα και όχι για να απευθυνθούν σε ανοιχτά αυτιά και ανοιχτές καρδιές. Έτσι οι αφορμές για παρεξηγήσεις είναι πολλές και συχνές. Οι δύο σύντροφοι φωνάζουν και επιτίθενται παράλληλα, χωρίς ικανότητα να ακούν πραγματικά και χωρίς διάθεση να επιλύσουν τη διαφωνία.

Η ζήλια είναι αρκετά συχνό φαινόμενο σε τέτοιες σχέσεις, μια ζήλια τυφλή, καταστροφική που σκοπό έχει να προσβάλει, να μειώσει, να υποτιμήσει, να γίνει αφορμή εντάσεων και συγκρούσεων, όχι να "νοστιμίσει" και να επιβεβαιώσει τον έρωτα.

Οι σχέσεις της γυναίκας του πάθους με τις άλλες γυναίκες είναι σχέσεις επιφανειακά καλές και κατ' ουσία ανταγωνιστικές. Μιας και έχει μάθει να λειτουργεί με σαγήνη και γοητεία, δυσκολεύεται να λειτουργήσει ισότιμα με γυναίκες και να φτιάξει μια βαθιά, ουσιαστική σχέση αγάπης. Θα τη δούμε συχνά να διαλέγει για φίλες γυναίκες άχρωμες, με αδιαμόρφωτη προσωπικότητα, άπειρες απ' τη ζωή, έτοιμες να εντυπωσιαστούν από τον πλούτο των εμπειριών και να υποταχτούν στη ζωντάνια της.

Ισχυρίζεται ότι το σεξ παίζει σημαντικό ρόλο στη ζωή της. Το χρησιμοποιεί όμως κυρίως ως μέσο εξουσίας πάνω στον άντρα, ως εργαλείο κυριαρχίας και όχι ως μοίρασμα ηδονής. Η ίδια παρουσιάζεται ως υπερ-ερωτική, άκρατα σεξουαλική και παθιασμένη, όμως σε στιγμές ειλικρίνειας και εξομολόγησης μπορεί να παραδεχτεί ότι ελάχιστα ερεθίσματα και ικανοποίηση εισπράττει από την ερωτική πράξη. Ο πόθος του άντρα και η ένταση της ηδονής του είναι αυτά με τα οποία παθιάζεται κυρίως, που τη διεγείρουν και την ευχαριστούν.

Όπως είπαμε, η ζωή της περιστρέφεται γύρω από το ερωτικό πάθος, τους άντρες και την ένταση της διαρκούς πάλης. Ας δούμε κάποιες ερωτικές ιστορίες πάθους κι ας προσπαθήσουμε να καταλάβουμε πώς λειτουργούν.

Η Ρίτα είναι 30 χρονών, υπάλληλος σε ένα μεγάλο αθηναϊκό ξενοδοχείο, όμορφη και εκφραστική, ντυμένη με την τελευταία λέξη της μόδας. Γελάει δυνατά, χειρονομεί ακατάπαυστα και μιλάει κοφτά κι απότομα.

Πάντα πίστευα και πιστεύω στο πάθος, γιατί αυτό είναι που σε κρατάει ζωντανό. Δεν μπορώ να βλέπω ανθρώπους συμβιβασμένους, αδιάφορους, βουτηγμένους στην πλήξη και την αδιαφορία. Γι' αυτό και σ' όλη μου τη ζωή φρόντιζα ό,τι κάνω να το κάνω με ένταση, με δύναμη, χωρίς μέτρημα και λογική. Έτσι έκανα και με τους άντρες.

Ο πρώτος μου έρωτας ήταν, όπως σας είπα, ο Λάμπρος. Ως τότε δεν είχα πολλά ερωτικά πάρε δώσε. Μου άρεσαν τα αγόρια, να γίνομαι φίλη τους, να ακούω τα μυστικά τους, αλλά για τον έρωτα είχα άλλα σχέδια. Έτσι γίναμε στην αρχή φιλαράκια ώσπου να αφήσουμε κατά μέρος τις ντροπές και την απειρία και να ζήσουμε μια συγκλονιστική ιστορία.

Λάμπρος-Ρίτα: 1-0. Ερωτεύτηκα τρελά, ερωτεύτηκα πολύ για πρώτη φορά στη ζωή μου και τα 'δωσα όλα.

Είμαι σίγουρη ότι κι εκείνος ήταν το ίδιο τρελαμένος μ' εμένα, αλλά το "έπαιζε" βαρύ πεπόνι. Απ' τη μια μου έδειχνε να με γουστάρει κι απ' την άλλη σφύριζε αδιάφορα. Στην αρχή τσιμπούσα σαν ψάρι και στενοχωριόμουν άσχημα. Ώσπου αποφάσισα να τον κάνω να ζηλέψει μ' έναν άλλο συμμαθητή μας που με γούσταρε από παλιά, και τότε επιτέλους άρχισε να εκδηλώνεται καθαρά.

Από εκείνη τη μέρα γίναμε αυτοκόλλητοι. Δεν μπορούσες να βρεις πουθενά τον ένα χωρίς τον άλλο. Είναι αλήθεια ότι ζήλευα –ειδικά μια τύπισσα στη θεατρική ομάδα– δεν ήμουν όμως η μόνη. Κι ο Λάμπρος γινόταν έξαλλος, αν νόμιζε ότι κοιτάω ή χαμογελάω έστω σε κάποιον που δεν ήταν ο ίδιος ή οριακά συγγενής. Σκηνές ζήλιας απείρου κάλλους διαδραματίζονταν συχνά για να σπάσουν τη μονοτονία και τη συνήθεια.

Όλα πήγαν πολύ καλά και σεξουαλικά, κι ο έρωτάς μας δυνάμωσε και απογειώθηκε. Ζούσαμε ο ένας για τον άλλο, ζηλεύαμε θανάσιμα ο ένας τον άλλο, τσακωνόμασταν φριχτά και τα βρίσκαμε ξανά στο κρεβάτι με πάθος και τρέλα.

Το καλοκαίρι της τρέλας και της παράνοιας πριν τη σοβαρότητα του πανεπιστημίου –όπως γουστάραμε να το λέμε– ο δικός μου έριξε την τρελή ιδέα: να κλεφτούμε και να παντρευτούμε κρυφά σ' ένα ξωκλήσι!

Οι γονείς μας, μετά από τρία εμφράγματα και δύο εγκεφαλικά, άρχισαν να το χωνεύουν. Βρήκαν μάλιστα και θετικά: ότι δε θα αποσπάται η προσοχή μας σε άλλα θέματα, παρά μόνο στις σπουδές. Βαθιά νυχτωμένα τα άτομα!

Η ζωή άρχιζε πολύ ωραία με μας ερωτευμένους και παντρεμένους! Κάναμε έρωτα, συζητούσαμε, διαφωνούσαμε, τσακωνόμασταν ώρες ατέλειωτες. Αγωνιούσα, όταν αργούσε, και τρελαινόμουν, όταν δεν τηλεφωνούσε. Μερικές φορές νομίζω ότι το έκανε επίτηδες, για να τσεκάρει αν μετράει για μένα.

Όταν άρχισε όμως η σχολή του Λάμπρου, τα πράγματα άλλαξαν. Λες και του έκαναν ένεση ξενερωσιάς. Σιγά σιγά παρασοβάρευε και ηρεμούσε επικίνδυνα... Μια τέτοια φορά πήρα ανάποδες και του τα 'χωσα κανονικά: τον ξεφώνισα ξενέρωτο παντρεμένο, ανέραστο, φανελάκια, άχρηστο άντρα!

Εκείνο το βράδυ έγινε μακελειό. Μόνο που δεν ήρθαμε στα χέρια. Για να εκτονωθεί ο Λάμπρος, έσκισε εμένα από όλες τις φωτογραφίες μας και έκοψε στα δύο τα σεντόνια μας. Ύστερα εξαφανίστηκε τηλεφωνικά για τρεις μέρες. Με έζωσαν τα φίδια! Όμως κράτησα χαρακτήρα και δεν τον έψαξα. Άλλαξα και την κλειδαριά!

Το σαββατοκύριακο, όταν γύρισε, ποιος είδε τον Θεό και δεν Τον φοβήθηκε! Με αποκάλεσε ψυχοπαθή, ανώριμη Κατίνα και βδέλλα κι ορκίστηκε ότι δε θα με ξανάβλεπε ποτέ.

Δε λέω ότι δεν έκλαψα κι ότι δεν πληγώθηκα, αλλά προκειμένου να μην περνάω καλά και να κινδυνεύω από πλήξη και ανία, προτιμούσα να χωρίσουμε. Δε γούσταρα να μου τη βγαίνει έτσι! Ποιος ήταν στο κάτω κάτω; Ο αρχιανώριμος και αρχιψυχασθενής!

Μετά όμως άρχισε να μου λείπει... Κι εκεί που άρχισα να απελπίζομαι, να τος ο Λάμπρος στο τηλέφωνο: ήθελε να με δει για να ξεκαθαρίσουμε τα μεταξύ μας θέματα.

Λόγο στο λόγο, τα πνεύματα οξύνθηκαν και λίγο έλειψε να 'ρθουμε στα χέρια. Αντί γι' αυτό όμως, λες και ο θυμός έγινε πόθος, τρέλα, βρεθήκαμε να κάνουμε ένα από τα ωραιότερα σεξ της ζωής μας!

Φεύγοντας, με κοίταξε περίεργα και μου είπε απλά «Τέλος, εμείς οι δύο είμαστε παρελθόν.» Ε, ακούγοντας κι αυτό αποτρελάθηκα. Κατέβασα ένα μπουκάλι ουίσκι και την έστησα έξω απ' το σπίτι του. Δε γύρισε ως το πρωί και τότε εκτονώθηκα διαφορετικά: του έσκασα τα λάστιχα του αυτοκινήτου!

Το διαζύγιο βγήκε τελικά κοινή συναινέσει και μας άνοιξε και τυπικά το δρόμο γι' άλλη ζωή.

Ο Λάμπρος είναι ο πρώτος, μαθητικός έρωτας της Ρίτας. Πέφτει με τα μούτρα σ' αυτήν τη σχέση από την αρχή. Το πρότυπο ερωτικού ζευγαριού που έχει και θαυμάζει, της υπαγορεύει τη δημιουργία μιας σχέσης όλο εντάσεις, αμφισβητήσεις και συγκρούσεις, αυτό που για την ίδια έχει καταγραφεί σαν σχέση πάθους και έρωτα.

Γίνεται αυτοκόλλητη με τον Λάμπρο και δημιουργούν μαζί ένα μπερδεμένο κοκτέιλ έρωτα, ανταγωνισμού και κυριαρχίας. Ο ένας έχει συνέχεια ανάγκη τον άλλο για να τον κρατάει ζωντανό και... μάχιμο. Ο ένας περιμένει απ' τον άλλο να επιβεβαιώνει συνεχώς την αφοσίωσή του. Και οι δύο μαζί περιμένουν το πάθος να τους διεγείρει.

Η σχέση τους και ο μετέπειτα γάμος τους έρχονται –σαν επιστέγασμα της έλλειψης συναισθηματικού βάθους και σοβαρότητας– να επιβεβαιώσουν την αρχική φάση ανωριμότητας, ανευθυνότητας και εξάρτησης.

Οι τσακωμοί και οι συγκρούσεις δημιουργούν την τεχνητή ένταση που χρειάζονται για να περνάνε ωραία. Δεν ξέρουν, δεν μπορούν να λειτουργήσουν στην ηρεμία. Δε γνωρίζουν τον τρόπο να κρατούν ζωντανή μια σχέση παρά μόνο μέσα από εξεζητημένες κινήσεις και θεαματικούς καβγάδες.

Σ' αυτόν τον αγώνα ερωτικής επιβεβαίωσης, ο Λάμπρος κουράζεται πρώτος· ίσως η νίκη αργεί, ίσως δεν υπάρχει νίκη, ίσως φτάνουν σε μια αδιέξοδη ρουτίνα καβγάδων, ίσως αδειάζει συναισθηματικά και νιώθει το αδιέξοδο που πλησιάζει.

Η μετέπειτα πορεία του, η αφοσίωση σε μια μόνιμη σχέση και το οριστικό κλείσιμο της πόρτας στο παρελθόν του με τη Ρίτα συνηγορούν στο ότι η εμπειρία του πάθους μάλλον δεν αποτελεί όνειρο και στόχο της ζωής του. Δηλώνει ότι θέλει να κρατήσει και να διοχετεύσει την ενέργειά του και σε άλλους τομείς της ζωής, και έτσι κάνει.

Η Ρίτα αρνείται να δεχτεί την αποχώρηση του Λάμπρου απ' το παιχνίδι και θέλει να τον τιμωρήσει. Ευτυχώς, ο θυμός και η επιθετικότητα που προέρχονται απ' ό,τι εκείνη θεωρεί υποτίμηση, εκτονώνονται στο αυτοκίνητο, σε αντικείμενο δηλαδή και όχι σε άνθρωπο, όπως πολύ συχνά συμβαίνει στην καθημερινή ζωή.

Ο παθιασμένος άνθρωπος, ακριβώς επειδή είναι πολύ θυμωμένος, είναι ικανός να φτάσει σε ακραίες εκδηλώσεις βίας προκειμένου να κρατήσει δικό του "το σκοτεινό αντικείμενο του πάθους του".

Επειδή όμως το πάθος έχει ένταση, αλλά όχι βάθος και ουσία, μπορεί μετά την καταστροφή να υποχωρήσει, να ξεθυμάνει και να μηδενιστεί. Έτσι η Ρίτα "καταστρέφοντας" κλείνει το κεφάλαιο "Λάμπρος" και περιμένει τον επόμενο δότη ζωντάνιας και έντασης.

Μετά το διαζύγιό μου τελείωσα τη σχολή μου, έκανα καινούργιες φίλες και φίλους, έβγαινα για clubbing, πήγαινα εκδρομές και γενικώς χαιρόμουν τη ζωή.

Κάποια στιγμή όμως, άρχισα να τα ψιλοβαριέμαι όλα αυτά, γιατί καλές οι φίλες κι οι γυναικοπαρέες, αλλά με μέτρο. Και τότε ήρθε στη ζωή μου ο ΑΝΤΡΑΣ, ο φοβερός και συγκλονιστικός Γιώργος. Εντυπωσιάστηκα απ' ό,τι έβγαζε: ένα κράμα πρωτόγονου και τζέντλεμαν, αγροίκου και αριστοκράτη, αλήτη και λόρδου... Ο Γιώργος ήταν ένας άνθρωπος ευτυχισμένος με τη δουλειά του ως φωτογράφος. Του άρεσαν τα ταξίδια, οι αλλαγές, η ποικιλία, τα απρόοπτα.

Κι εμένα μου άρεσε να συγκλονίζω έναν τέτοιον άντρα. Το μοναδικό σημείο που μ' ανησυχούσε και με άγχωνε ήταν το ότι κρατούσε τη δουλειά του εντελώς έξω από μας. Κάποιες φορές έβαζα τρελές ιδέες στο μυαλό μου. Ότι δηλαδή ήθελε να το παίζει άνετος κι αδέσμευτος για να έχει τα τυχερά του! Ήταν πολύ όμορφος και σέξι ο Γιώργος και δεν άφηνε ασυγκίνητες τις γυναίκες! Άσε που πολλές απ' αυτές έχουν πια εξελιχθεί σε σούπερ κυνηγούς ανδρικών κεφαλών!

Έτσι ο καιρός περνούσε σε ροζ συννεφάκι μεταξύ ταξιδιών, τηλεφωνημάτων, τρελού σεξ και τρελότερου έρωτα. Τα πρώτα γκρίζα σύννεφα ήρθαν, όταν ο Γιώργος γύρισε από ένα υπερατλαντικό ταξίδι. Κάτι στη φωνή του απ' το τηλέφωνο, κάτι στο βλέμμα του, όταν γύρισε, κάτι στην κάπως απόμακρη στάση του μου χτύπησαν το καμπανάκι του κινδύνου. Επέμεινα στις υποψίες μου λέγοντας ότι η στάση του πρόδιδε τύψεις κι ενοχή. Ο Γιώργος απαξίωσε να μου εξηγήσει και γύρισε σπίτι του, για να μην τσακωθούμε, όπως μου δήλωσε φεύγοντας. Για τριάντα έξι ώρες ο Γιώργος δε σήκωνε τα τηλέφωνά του γιατί... κοιμόταν, όπως μου είπε αεράτος και ξεκούραστος.

Γελάστηκε όμως, αν νόμισε ότι το έχαψα... Δε γίνεται η αλεπού να είναι εκατό χρονών και τα αλεπουδάκια εκατόν δέκα!

Οργάνωσα λοιπόν κι εγώ σιγά σιγά την εκδίκησή μου και την πραγματοποίησα: στην επόμενη φωτογράφηση στον Παρνασσό έσκασα μύτη με το φίλο μου τον Βασίλη σε τρυφερό τετατέτ. Ούρλιαξε, άφρισε, απαίτησε εξηγήσεις. Τότε πήρα ανάποδες κι εγώ... Πανικός είναι η μόνη λέξη που ταιριάζει στη φάση εκείνη που κατέληξε φυσικά σε αγκαλιές, φιλιά και συγνώμες.

Έκτοτε οι σχέσεις των δύο αντρών ήταν, θα έλεγα, ψυχροπολεμικές και μακρινές. Μου άρεσε όμως, για να σας πω την αλήθεια, που ο δικός μου ζήλευε έτσι θανάσιμα... Ένιωθα, βρε παιδί μου, ότι με γουστάρει στ' αλήθεια και το έδειχνε, όχι κυριλάτα και πολιτισμένα, αλλά πρωτόγονα, διεκδικητικά.

Τη δεύτερη χρονιά μας τα πράγματα άλλαξαν κάπως. Ο Γιώργος άρχισε να με βάζει πιο πολύ μέσα στη ζωή του, γνωρίζοντάς με σε φίλους και συνεργάτες κι επιτρέποντάς μου να διακοσμήσω τον προσωπικό του χώρο, το "άδυτο" όπως το ονόμαζε.

Απ' την άλλη, μερικές φορές είχα την αίσθηση ότι συνειδητοποιώντας αυτές τις αλλαγές, πάθαινε κάποιο είδος πανικού και τότε άρχιζε να μου "τη λέει" συνεχώς, γινόταν περίεργος, αρπαζόταν με το παραμικρό και δε γούσταρε ούτε παρέα ούτε πολλές κουβέντες.

Αυτό εμένα με τρέλαινε. Φοβόμουν κι αυτό με τσίτωνε. Όσο ο Γιώργος είχε τις κλειστές του, τόσο εγώ απαιτούσα να με κάνει να καταλάβω το γιατί, κι όσο αυτός αρνιόταν, τόσο εγώ πείσμωνα και προσπαθούσα, για να πέσω όμως πάντα σ' έναν τοίχο στέρεο κι αμετακίνητο.

Έτσι κλείσαμε δύο χρόνια μαζί με τα πάθη μας, τις ζήλιες μας, τις παρεξηγήσεις μας. Κι εκεί που νόμιζα ότι όλα ήταν στρωμένα και δεδομένα, ακριβώς την ημέρα της δεύτερης επετείου μας, έσκασε το κανόνι: ο Γιώργος μου ζήτησε απ' το τηλέφωνο –αν είναι δυνατόν, απ' το τηλέφωνο– να χωρίσουμε!

"Δεν πάει άλλο" έλεγε και ξανάλεγε χωρίς να μου εξηγεί πραγματικά. Για δέκα μέρες μετά ήμουν πεθαμένη. Μέχρι να τα τινάξω, σκέφτηκα κάποια στιγμή. Έπινα, έκλαιγα, κοιμόμουν, ξυπνούσα κι ο πάγος στην καρδιά μου δεν έλεγε να φύγει.

Μετά, σιγά σιγά και με τη βοήθεια του φίλου μου του Βασίλη, άρχισα να στέκομαι στα πόδια μου. Τότε άρχισα να πολιορκώ τον Γιώργο από ξηράς και αέρος, αλλά άδικα. Λες και είχε ανοίξει η γη να τον καταπιεί. Όταν δεν πάει ο Μωάμεθ στο βουνό, πάει το βουνό στον Μωάμεθ.

Ο Γιώργος φαίνεται ότι κατάλαβε τη δολοφονική μανία στο βλέμμα μου γιατί δεν πρόβαλε μεγάλη αντίσταση. Πέντε ώρες καθίσαμε και συζητήσαμε. Ισχυρίστηκε πως είχε κουραστεί, δεν άντεχε την ανασφάλεια, αλλά ούτε ήθελε τη δέσμευση, γι' αυτό έπρεπε να με αφήσει ελεύθερη. Τον απείλησα, τον ικέτεψα, αλλά άδικα.

Έτσι μάζεψα την αποτυχία μου και γύρισα σπίτι. Έξι μήνες πέρασαν που έκλαιγα στον ώμο του Βασίλη, συζητούσα και ανέλυα τα συναισθήματα του Γιώργου με τις φίλες, τηλεφωνούσα στον Γιώργο χωρίς να μιλάω, απλά και μόνο για να ακούσω τη φωνή του στον τηλεφωνητή κι ύστερα το έκλεινα.

Εκεί που ζούσα λοιπόν τη μαυρίλα μου κι είχα βγει να τα πιω με τον Βασίλη, έπεσα πάνω στον Γιώργο, όχι μόνο του, αλλά συντροφιά με τύπισσα ξανθιά, ψηλή, καρακουκλάρα... Θόλωσα, τρελάθηκα.

Η έκρηξη έγινε σταδιακά. Ο Γιώργος προσπάθησε να πλησιάσει, αλλά τον διαολόστειλα. Είμαι σίγουρη ότι τον τσάκισε αυτό το φτύσιμο, γιατί στήθηκε προκλητικά στη γωνία της μπάρας και κατέβαζε αβέρτα σφηνάκια.

Χάιδευε αυτός την κουκλάρα, χάιδευα εγώ τον Βασίλη, ώσπου με άρπαξε απ' τον έντρομο φίλο μου και με έσυρε στην κυριολεξία έξω απ' το μπαρ. Αρνάκι έγινε ο Γιώργος για περίπου πέντε μήνες. Έτσι, για να τον τσεκάρω, άρχισα να του μιλάω για σοβαρότερη δέσμευση, για συγκατοίκηση, για κοινό μέλλον. Και παραδόξως, όχι μόνο δεχόταν να τα συζητήσει, αλλά είχε και έτοιμα σχέδια. Ήθελε να γνωρίσουμε ο ένας τους γονείς του άλλου, να ψάξουμε για καινούργιο σπίτι, κλπ.

Ομολογώ ότι έπεσα στην παγίδα που έστησα. Όχι ότι δεν τον αγαπούσα, αλλά έτσι όπως μου τα περιέγραψε, μου φάνηκαν πολύ ανιαρά και βαρετά, σαν τον Γιώργο αυτόν τον τελευταίο καιρό.

Μόνο που δεν ήθελα να γίνουν όσα ακολούθησαν, ούτε τα προκάλεσα. Ήταν μια βραδιά που βγήκα με τον Βασίλη. Ήπιαμε πολύ –το πρώτο λάθος– ήμουν μπερδεμένη με τον Γιώργο, ο Βασίλης μου φαινόταν πιο ζωντανός και... έγινε το μοιραίο.

Το πρωί που ξυπνήσαμε αγκαλιά, προσπάθησα να του εξηγήσω πως ό,τι έγινε ήταν ένα λάθος που δε σήμαινε κάποια αλλαγή στη σχέση μας. Του εξήγησα πως αγαπούσα τον Γιώργο, αυτόν είχα ερωτευτεί και για πάρτη του ταλαιπωρούμουν τόσο καιρό...

Εκείνη τη στιγμή, πώς ταίριαξαν όλα τα γεγονότα, πώς ήρθαν έτσι οι συμπτώσεις κι ο Γιώργος βρέθηκε μπροστά στο αμαρτωλό σύμπλεγμά μας! Πάνιασε, έχασε το φως του κι απήλθε...

Για ένα μήνα την έστηνα έξω απ' το σπίτι του παρακαλώντας τον να με συγχωρήσει. Με πρόσβαλλε, με μείωνε, με εξευτέλιζε... Άπειρες φορές με άφησε να περιμένω έξω απ' το σπίτι του, όλη νύχτα, για πολλές νύχτες.

Ώσπου ένα βράδυ λύγισε... Για δύο μήνες έκανα ό,τι ήθελε ο Γιώργος. Ο Γιώργος όμως τη μια έβαζε όλο το πάθος του και με ανέβαζε στον ουρανό και την άλλη με έβριζε, αναθεματίζοντας και τον εαυτό του που με ήθελε ακόμη.

Το 'νιωθα ότι μου 'φευγε και δεν μπορούσα να κάνω τίποτε άλλο από το να υποταχτώ. Τα διαστήματα που βλεπόμασταν, αραίωναν όλο και περισσότερο κι η ένταση λιγόστευε μαζί με το πάθος μας. Το τέλος ήρθε τυπικά ένα βράδυ, όταν ο Γιώργος γύρισε με μια κοπέλα σπίτι του και με άφησε απέξω να περιμένω στο σκοτάδι, βλέποντας το φως να σβήνει. Φώναξα, παρακάλεσα, απείλησα... Σιωπή κι ερημιά.

Τον Γιώργο τον σκεφτόμουν συνέχεια, αλλά ήθελα να σβήσω κάθε σκέψη πάνω στην τελευταία φάση. Και το κατάφερα, όταν του έγραψα εκείνο το "υπέροχο" γράμμα. Τι έγραψα; Τίποτε σημαντικό, απλά έβγαλα όλα τα εσώψυχα και τα απωθημένα μου σε υπερθετικό βαθμό!

Μετά απ' αυτό, αποφάσισα να κλείσω τελεσίδικα το κουτάκι και το κεφάλαιο "Γιώργος". Πάνω όμως που άρχισε να ξανανεβαίνει η αυτοπεποίθησή μου κι η όρεξη για νέους έρωτες, συνέβη το κουφό και περίεργο. Ερωτεύτηκα τον Βασίλη... Βασικά δεν τον ερωτεύτηκα, αλλά μπήκε ο διάολος μέσα μου, όταν έσκασε μύτη με κούκλα μελαχρινή, δίμετρη, γαλανομάτα. Φαντάσου, ο Βασιλάκης μας με στιλάκι και αυτοπεποίθηση να μας ψιλοφτύνει... Έτσι δηλαδή εύκολα με ξεπέρασε ή μου πούλησε φούμαρα;

Με έπιασε κάτι σαν τρέλα κι ήθελα οπωσδήποτε να δω στα μάτια του Βασίλη ότι με ήθελε όπως παλιά. Για ένα μήνα τον κυνηγούσα κι αυτός όλο μου ξέφευγε.

Έτσι αποφάσισα να τα παίξω όλα για όλα. Το 'παιξα λίγο μυστηριώδης, λίγο χαρούμενη, λίγο ερωτική... αλλά την ξόβεργα την έστησα. Όχι, κύριε Βασίλη, το παιχνίδι θα το παίξουμε όπως θέλω εγώ, όχι όπως θέλεις εσύ, είπα μέσα μου και στρώθηκα στη δουλειά. Σιγά σιγά η απογοήτευση νίκησε και έπεσαν τα φτερά μου. Όμως τότε ακριβώς ήρθε η εξομολόγηση του Βασίλη που ήταν ένας ασυγκράτητος χείμαρρος.

Όταν πέρασε ο καιρός του μέλιτος, άρχισα να ψιλοβαριέμαι, λίγο στην αρχή, πολύ στη συνέχεια. Ο Βασίλης ήταν τόσο προβλέψιμος και τόσο αφοσιωμένος, που μου έκανε κάτι χειρότερο κι από σκυλί.

Δεν ήξερε πώς να κρατήσει στην πρίζα μια γυναίκα, δεν ήξερε πώς να σε κάνει να "τρέχεις" πίσω του. Αυτός ευτύχησε που με είχε δίπλα του κι έβαζε τα δυνατά του να μου ομορφύνει τη ζωή, τις μέρες και τις νύχτες. Όμως αν ο άντρας δεν είναι μάγκας, δεν είναι αρσενικός, αν δεν είναι κυνηγός και παίκτης αποφασισμένος να κάψει και να καεί, δεν μπορεί να κρατήσει για πολύ μια θηλυκή γυναίκα σαν κι εμένα.

Έτσι, ένα ωραίο πρωί είπα "γεια χαρά" στον αναίσθητο Βασίλη ο οποίος έμεινε κεραυνόπληκτος. Δεν ήξερε από πού του 'ρθε η κεραμίδα. Αλλά πραγματικά δεν άντεχα άλλο, θα πάθαινα κατάθλιψη ή δεν ξέρω κι εγώ τι άλλη αρρώστια.

Γιώργος: ο επονομαζόμενος ΑΝΤΡΑΣ για τη Ρίτα. Της αρέσει το στιλ του, γοητεύεται απ' την προσέγγισή του, τρελαίνεται για τις φανφάρες του. Ζητάει απ' αυτόν να γίνει ο τέλειος παίκτης. Όσα της δίνει σε παιχνίδι και πάθος τής ανοίγουν απλά την όρεξη για να επιθυμήσει περισσότερα. Θέλει να επιβεβαιώσει την αφοσίωσή του, αλώνοντας αυτόν, τη ζωή, τη δουλειά, τους φίλους του.

Η αίσθηση ότι αρέσει σε πολλές, αλλά αυτός διαλέγει εκείνη, την "ανεβάζει", την τονώνει, της δίνει καταξίωση. Τα σκαμπανεβάσματά του, απ' την άλλη, της ανεβάζουν τη διάθεση και την κάνουν να είναι συνέχεια σε υπερένταση προσπαθώντας να διατηρήσει το ενδιαφέρον του. Ζηλεύει, υποπτεύεται, δυσπιστεί, ψάχνει την "αλήθεια" και τον κατασκοπεύει, αγωνιά και επιτίθεται.

Ο Γιώργος παίζει το παιχνίδι της Ρίτας. Λειτουργεί επίσης κτητικά και επιθετικά. Δεν έχει μάθει να συνυπάρχει, έχει μάθει κι αυτός να επιβάλει τα θέλω του και να τα διαπραγματεύεται πολεμικά. Δεν καθησυχάζει ποτέ τις ανασφάλειες της Ρίτας. Αντίθετα, άλλοτε με τη σιωπή του, άλλοτε με αφηρημένα μισόλογα, ρίχνει λάδι στη φωτιά και τη θεριεύει. Όταν η Ρίτα κάνει πίσω, ο Γιώργος επιτίθεται, διεκδικεί και απαιτεί.

Λέξεις όπως "προσβολή", "αξιοπρέπεια", "σεβασμός" είναι ασήμαντες και για τους δύο και συχνά τις θυσιάζουν στο βωμό του ανταγωνισμού, της τιμωρίας, της εκδίκησης. Η διελκυστίνδα συνεχίζεται. Κάπου φαίνεται κάποιος να νικάει, αλλά γρήγορα η ισορροπία δυνάμεων ανατρέπεται. Οι αμοιβαίες προκλήσεις διαιωνίζουν την αντιπαλότητα και επιμηκύνουν τη σχέση που διατηρείται κυρίως χάρη στην ανασφάλεια, τον ελλιπή αυτοσεβασμό των δύο συντρόφων και την ανάγκη τους για ένταση.

Κάποια στιγμή φτάνει το αδιέξοδο: η τιμωρία δεν ικανοποιεί, ο εξευτελισμός δεν επουλώνει πληγές, η αξιοπρέπεια δεν ξανακερδίζεται. Η απιστία της Ρίτας επιβεβαιώνει την ελαφρότητα των συναισθημάτων της και την ανάγκη της για διαρκή ένταση. Δεν παλεύει την ιστορία με τον Γιώργο, δεν εκφράζει όσα την απασχολούν, δεν επικοινωνεί μαζί του. Για ακόμη μία φορά υποχωρεί στην έλξη και τη δύναμη της στιγμής για να τη διαγράψει εύκολα το επόμενο πρωί.

Ο Γιώργος αντιδρώντας εκδικητικά και μνησίκακα, ταπεινώνει· η Ρίτα, επίμονη και διεκδικητική, το ανέχεται. Ο καθένας δοκιμάζει τα όρια του άλλου και εκείνη που λυγίζει είναι η Ρίτα, δίνοντας όμως το δικό της φινάλε, αυτή τη φορά με λεκτική ή, καλύτερα, γραπτή επίθεση.

Ο Βασίλης είναι ο επόμενος άντρας στη ζωή της Ρίτας. Ο Βασίλης ο οποίος έχει καταγραφεί σαν το ανούσιο "καλό παιδί". Ποιο είναι το μεγαλύτερο ελάττωμά του; Η αφοσίωσή του στη Ρίτα.

Η Ρίτα τον υποτιμάει γι' αυτή την αφοσίωση θεωρώντας τη συνώνυμη με την αδυναμία και την παθητικότητα. Το ενδιαφέρον της κεντρίζεται από τη στιγμή που εκείνος αποποιείται τον τίτλο του "κτήματός" της.

Η Ρίτα θυμώνει, εξοργίζεται, διεκδικεί. Θέλει να τον κατέχει, να επιβεβαιώσει την κυριαρχία της πάνω του, να τον επαναφέρει δέσμιο στη γοητεία της ιδιαίτερα τώρα που την κοντράρει. Κάνει σχέδια, ενεργοποιείται, ελπίζει, απογοητεύεται, ονειρεύεται.

Όταν ο Βασίλης της καταθέτει τον έρωτά του, ηρεμεί, ησυχάζει, ευτυχεί. Όμως η χαρά της νίκης και της επιβεβαίωσης περνάει γρήγορα και η πραγματικότητα που έχει μπροστά της, την απωθεί. Ο Βασίλης δεν την "τρέχει", δεν της δημιουργεί ανασφάλεια, δεν την κρατάει σε αγωνία. Άρα η Ρίτα δεν έχει κάποιον να την τροφοδοτεί με ενέργεια, δεν έχει κάποιον να την "ανεβάζει", δεν έχει κάποιον να τη ζωντανεύει. Έτσι ο Βασίλης επαναβεβαιώνεται σαν ξενέρωτος και βαρετός και κάποια στιγμή γίνεται και αυτός παρελθόν.

Μετά τον Βασίλη, η Ρίτα έζησε πάλι ένα θυελλώδη έρωτα ο οποίος έληξε περίπου όπως οι προηγούμενοι και μετά αρραβωνιάστηκε με ένα νεαρό συνάδελφό της με τον οποίο έφτασαν γρήγορα σε σκηνές αλληλοσπαραγμού. Τότε άρχισε να υποπτεύεται ότι ίσως κάτι δεν πήγαινε καλά με την αισθηματική της ζωή.

Η επόμενη αφηγήτρια είναι η Καίτη, μια νεαρή κοπέλα 24 χρονών. Οι γονείς της χώρισαν ύστερα από δεκαπέντε χρόνια συνεχών καβγάδων. Παντρεύτηκαν πολύ μικροί, πριν προλάβουν να γνωρίσουν ο ένας τον άλλο και να τον αγαπήσουν. Εξέλαβαν το πάθος για έρωτα και τον πόθο για αγάπη.

Οι εικόνες που είχε η Καίτη από το σπίτι της ήταν τέτοιες που την εξοικείωναν με τη σύγκρουση, τον ανταγωνισμό και την επιθετικότητα. Πολύ μικρή άρχισε να έχει ερωτικές σχέσεις στις οποίες όμως αγωνιούσε να φανεί "ζόρικη" και να σχετίζεται με μάγκες. Μόλις κάποιος δεν έπαιζε το παιχνίδι του ανταγωνισμού, περνούσε σε δυσμένεια και εξαφάνιση.

Κάποια στιγμή όμως κουράστηκε και ένιωσε την ανάγκη για κάτι πιο μόνιμο και σταθερό. Πάλι νέος μοιραίος και σέξι, πάλι πάθη και εντάσεις, αλλά αυτή τη φορά αρραβωνιάστηκε και... Ας ακούσουμε όμως καλύτερα την ίδια:

Ο κούκλος μου –ο Γιάννης– είναι τρελός και σέξι και ζόρικος και γλυκός και παθιάρης και τρελαμένος, γι' αυτό μ' έχει τρελάνει κι εμένα και τρέχω και δε φτάνω.

Έχω όμως πολύ ανταγωνισμό γιατί ένα σωρό κοριτσόπουλα, κι όχι μόνο, τον γουστάρουν και τον τριγυρίζουν κάθε στιγμή. Ξέχασα να σας πω ότι είναι ποδοσφαιριστής. Πρέπει να 'χω το νου μου και να καιροφυλακτώ, γιατί είναι και πονηρούλης και καζανοβάκος. Κι έχει και την άποψη ότι ο άντρας δικαιούται καμιά περιπετειούλα, φτάνει να είναι εντάξει στις υποχρεώσεις του στο σπίτι και την οικογένεια. Έβγαλε βέβαια τον εαυτό του απέξω, λέγοντας ότι αυτά ισχύουν γενικά, αλλά επειδή ο διάολος έχει πολλά ποδάρια, εγώ έχω πάντα το νου μου.

Μη νομίσετε όμως ότι κι αυτός μένει πίσω σε ζήλια. Τις προάλλες παραλίγο να 'ρθουμε γερά στα χέρια

–έπεσαν μόνο λίγες ψιλές– γιατί, λέει, σαλιάριζα μ' ένα συμπαίκτη του και δε γουστάρει να γίνεται "ρόμπα" και να τον ξεφωνίζουν στο γήπεδο.

Είμαι πολύ σίγουρη ότι μ' αγαπάει με πάθος, όπως κι εγώ, κι αυτό μου το επιβεβαίωσε πριν ένα μήνα που αρραβωνιαστήκαμε μπροστά στους δικούς μας και τους συγγενείς μας.

Είχε πλάκα το σκηνικό. Όλοι ήταν συγκινημένοι εκτός από τη θεία Έλεν που μου σφύριξε κρυφά στ' αυτί «Χρυσό μου, τέτοιους άντρες τους έχουν γκόμενους, δεν τους παντρεύονται...» Πλάκα έχει η θεία μου με τ' αποφθέγματά της! Ναι, λοιπόν, θέλω να τον παντρευτώ, θέλω να ζω μαζί του, θέλω να κρατήσω το πάθος αυτό για πάντα.

Όμως προχθές μου 'κανε μια στραβή που μ' έφερε στο αμήν να τον σουτάρω... Μάζεψε τους κολλητούς του και πήγαν σ' ένα στριπτιζάδικο πολυτελείας κάνοντας τα μύρια όσα ανομολόγητα.

Ευτυχώς πάντα υπάρχουν καλοθελητάδες για να στο καρφώσουν. Έτσι όχι μόνο ήμουν σωστά ενημερωμένη, αλλά ήξερα και λεπτομέρειες, οπότε δεν τον έπαιρνε να το αρνηθεί.

Γίναμε λίγο μαλλιά κουβάρια και έφτασε στο σημείο να με αρχίσει στις φάπες, αλλά τελικά είναι πολύ καταφερτζής ο άτιμος. Με έκανε να νιώσω τόσο πολύτιμη και τόσο απαραίτητη στη ζωή του, που δάκρυσα. Τον πήραν κι αυτόν τα ζουμιά –όταν του είπα ότι ήθελα να τον χωρίσω– κι ύστερα από ένα "ακατάλληλο για ανηλίκους" βράδυ, ορίσαμε την ημερομηνία του γάμου μας.

Παρ' όλα αυτά, κάτι μέσα μου μαυρίζει. Πες ότι τσακωνόμαστε πάλι, θα με βαρέσει ξανά; Κι εγώ θα του ανταποδώσω; Κι αν κάνουμε παιδιά, τέτοιες σκηνές θα βλέπουν και θα ζουν, σαν αυτές που πέρασα εγώ;

Αυτά κι άλλα πολλά ερωτήματα έκαναν την Καίτη να περάσει το κατώφλι του κέντρου Ψ και να θελήσει να ανεβάσει τον αυτοσεβασμό και την αξιοπρέπειά της.

Η καρδιά της Ρίτας και της Καίτης διψάει για αγάπη, αλλά εκείνες της δίνουν ανταγωνισμό και αντιπαλότητα. Μια γυναίκα του πάθους λαχταράει τον έρωτα, αλλά εγκλωβίζεται διαρκώς σε ανόητα πάθη. Πιστεύοντας ότι μόνο το πάθος μετράει κι αυτό σε κινητοποιεί, μαθαίνει να είναι κεντραρισμένη σ' αυτό και τον άντρα που της το εμπνέει. Δεν ασχολείται με τον εαυτό της, με το δικό της κομμάτι ευθύνης για την ευτυχία της. Συνήθως τον ταλαιπωρεί και τον υποβάλλει σε δοκιμασίες αντοχής. Δεν τον σέβεται ιδιαίτερα ούτε του έχει μεγάλη υπόληψη.

Συχνά, σε πολλές Ρίτες θα βρούμε ένα βαθύτερο καταθλιπτικό υπόστρωμα το οποίο καλύπτουν και παλεύουν με την ένταση και την ταραχή. Στα ταραγμένα νερά δεν έχει κανείς ποτέ καθαρή εικόνα του βυθού. Δε θέλει να δει; Δεν μπορεί; Φοβάται τι θα αντικρίσει; Η γυναίκα του πάθους δε γνωρίζει τον εαυτό της, δεν έμαθε να κάνει εσωτερικό διάλογο και να συνδιαλέγεται μαζί του, δεν έμαθε να ζει μαζί του ειρηνικά και να είναι υπεύθυνη για την ευτυχία της.

Η εξίσωση "πάθος = ζωή" είναι συνώνυμη του έρωτα. Η υπερένταση που εισπράττει από τις σχέσεις της, έχει γίνει βίωμα και ανάγκη της, ανάγκη απαιτητική που γίνεται εξάρτηση, εξάρτηση απ' το θυμό και την αντιπαλότητα. Χαλαλίζει τη ζωή της κυνηγώντας κροτίδες και βεγγαλικά.

Συχνά, η μεγάλη ένταση βοηθάει να κρύβουμε από κάτω της όσα δε θέλουμε ή φοβόμαστε να αντιμετωπίσουμε. Εκείνη όχι μόνο μαθαίνει να το κάνει, αλλά και να το αναδεικνύει σε κεντρικό άξονα της ζωής της. Η ένταση γίνεται αυτοσκοπός, παύει να είναι η "νοστιμιά" της καθημερινότητας και γίνεται απαραίτητη και αναγκαία προϋπόθεση για να ταιριάζει με έναν άντρα.

Η αγάπη γίνεται συνώνυμο της βαρεμάρας και της ανίας. Δεν ξέρει να πλησιάζει τους ανθρώπους ούτε ως φίλη ούτε ως αγαπημένη. Γι' αυτό δεν έχει φίλες, αλλά φερέφωνα. Δεν έχει συντρόφους, αλλά εραστές. Φοβάται να γνωρίσει τις πραγματικές ανάγκες της. Αποφεύγει να δείξει τον εαυτό της, γιατί φοβάται ότι ίσως φανεί ανάξιος λόγου, βαρετός, ανιαρός. Γι' αυτό δεν τον "εκθέτει" σε κανέναν και δεν έρχεται ουσιαστικά κοντά με κανέναν. Το πλησίασμα τη φοβίζει, η ηρεμία, ο διάλογος, η επικοινωνία και το μοίρασμα μοιάζουν να την απειλούν. Φοβάται να αποκαλυφθεί, φοβάται ότι θα φανεί αδύναμη και απωθητική.

Η συντροφικότητα έχει αγάπη, έχει πλησίασμα, έχει αρμονία. Έχει συνύπαρξη, έχει αποδοχή, εμπιστοσύνη και σεβασμό. Σ' αυτά πάνω κτίζεται ο έρωτας για να έχει ελπίδες να κρατηθεί στη ζωή. Τότε αποκτά δύναμη για να μπορεί να ανανεώνεται και να αναζωογονείται παραμένοντας συγχρόνως ζωντανός και υπέροχος.

Το πάθος είναι αρρώστια, είναι εξάρτηση, είναι "πρέζα". Γίνεται εμπόδιο στη συναισθηματική προσέγγιση και ουσιαστική γνωριμία των συντρόφων. Δεν έχει τίποτα το ηρωικό ούτε το αξιοζήλευτο. Μια φορά πάθος στη ζωή ενός ανθρώπου που νοιάζεται για τον εαυτό του, είναι αρκετή για να τον κάνει να επαναξιολογήσει τις επιλογές του και να διαχωρίσει τον έρωτα και την αγάπη από την ένταση. Διαφορετικά, έχει δρόμο αδιέξοδο μπροστά, γεμάτο "Κύκλωπες και Λαιστρυγόνες".

Η γυναίκα του πάθους νιώθει δυνατή, σπουδαία και δυναμική μέσα απ' ό,τι προσφέρει εντάσεις, συγκρούσεις, μπερδέματα και θολό τοπίο. Ανταγωνίζεται, ψάχνει δύναμη και καταξίωση. Φωνάζει για να ακούγεται. Συγκρούεται γιατί δεν ξέρει να κάνει ειρήνη. Ζητάει την ένταση και τη νίκη ή την υποταγή γιατί φοβάται να συνυπάρξει. Θέλει όμως και δικαιούται να είναι ευτυχισμένη.

Οι επιλογές της όμως με τα αλλεπάλληλα αδιέξοδα φινάλε της χτυπούν, συχνά σύντομα, το καμπανάκι του κινδύνου σε ό,τι αφορά τη συναισθηματική της ισορροπία.

Αν βγάλει τις παρωπίδες της για το “μεγαλείο” του πάθους, αν εντοπίσει, παραδεχτεί και χειριστεί διαφορετικά την ανάγκη της για “πόλεμο” και το φόβο της για πλησίασμα, αν συμφιλιωθεί με την αγάπη, τότε μπορεί να αντικρίσει στα καθαρά νερά τον πραγματικό της εαυτό, φίλο και αγαπημένο για πάντα.

Αυτόν τον πολύτιμο εαυτό που αξίζει να αγαπηθεί από έναν άντρα τρυφερό, γλυκό, ερωτικό, συντροφικό. Αυτόν τον πολύτιμο εαυτό που κάθε γυναίκα μπορεί να μάθει να σέβεται, να υπολογίζει και να αγαπάει, αντί να ξοδεύει άσκοπα και σπάταλα στο “όνομα του πάθους”.

Έβδομη παγίδα: Μισανδρισμός ή "Άντρας: τι κατώτερο είδος!"

Η επόμενη παγίδα είναι η υποτίμηση του άντρα σαν εκπρόσωπου ενός άχρηστου και ανάξιου είδους. Η μίσανδρη γυναίκα είναι αρνητικά διατεθειμένη απέναντι στους άντρες γενικώς και συλλήβδην, και είναι σίγουρη ότι αποκλείεται να συμβεί τίποτα καλό, όταν μπλέκει μαζί τους. Αποκλείει δηλαδή και δεν πιστεύει ότι είναι δυνατόν να κάνει κάτι για να αλλάξει την κατάσταση.

Ο Paul Watzlawik αναφέρει στο βιβλίο του "The situation is hopeless but not serious": "Αυτές οι προβλέψεις που πραγματοποιούνται, διαθέτουν μια αληθινά μαγική δύναμη για να δημιουργηθεί μία πραγματικότητα" και παρακάτω "Η πρόβλεψη κάθε γεγονότος έχει ένα τελικό αποτέλεσμα: αυτό ακριβώς που είχε προβλεφθεί" και αλλού "Απαραίτητη προϋπόθεση είναι να πειστούμε ή να αφήσουμε να μας πείσουν για ένα αναπόφευκτο μελλοντικό γεγονός και να θεωρήσουμε ότι η πραγματοποίησή του είναι ανεξάρτητη από τη θέλησή μας."

Θα περάσω απευθείας στην αφήγηση της Αγνής έτσι όπως μου την εκμυστηρεύτηκε για να την καταγράψω. Επιθυμούσε, όπως μου διευκρίνισε, να βάλει κι αυτή το δικό της λιθαράκι στην υπόθεση της γυναικείας συντροφικής ευτυχίας!

Δε θέλησα να προσθέσω δικά μου σχόλια γιατί το βρήκα περιττό. Διαβάζοντας τα λεγόμενά της, θα καταλάβετε το γιατί.

Γεννήθηκα κι εγώ, όπως όλα τα παιδάκια, από έναν μπαμπά και μία μαμά. Μεγάλωσα όμως πολύ αλλιώτικα. Ο πατέρας μου μας εγκατέλειψε, όταν ήμουν μόλις δύο χρονών. Σύμφωνα με τη μητέρα μου, ήταν άχρηστος, ανίκανος κι ανεύθυνος. Ποτέ στην ουσία δε θέλησε οικογένεια, ποτέ δε θέλησε ευθύνες, ποτέ δε θέλησε εμένα. Έτσι στην πρώτη ευκαιρία μπάρκαρε κι έκτοτε... αγνοείται η τύχη του.

Η μητέρα μου κι εγώ μετακομίσαμε και πήγαμε να μείνουμε με τη γιαγιά και τη θεία Γιώτα, την αδελφή της. Η γιαγιά ήταν χρόνια χήρα και δεν είχε ξαναπαντρευτεί γιατί πίστευε ότι κανείς άντρας δε θα ήθελε ή θα μπορούσε να φροντίσει τα κορίτσια της με πραγματική αγάπη και αφοσίωση. Δεν είχε σε μεγάλη υπόληψη το ανδρικό φύλο και αυτή την έλλειψη εκτίμησης ενστάλαξε στα παιδιά της. Η θεία έμεινε εκ πεποιθήσεως ανύπαντρη, έχοντας ευκαιριακά κάποιους εραστές των οποίων το όνομα ήταν πάντα άγνωστο και η παρουσία τους στη ζωή μας σχεδόν αθέατη. Η μητέρα μου ήθελε κι έμεινε μόνη της.

Όλες οι γυναίκες της οικογένειας πίστευαν ακράδαντα και το εξέφραζαν συνέχεια κι ανοιχτά ότι οι άντρες ήταν ένα πολύ κατώτερο των γυναικών είδος. Πάντα μιλούσαν υποτιμητικά γι' αυτούς και δε σταματούσαν να τους προσάπτουν όλα τα ελαττώματα που κάνουν κάποιον να είναι είδος προς... αποφυγή.

Σ' αυτό λοιπόν το σπίτι που έδιωχνε τους άντρες, μεγάλωσα και εκεί απόκτησα την πρώτη κοσμοθεωρία μου. Σ' αυτό το σπίτι έκλαψα κρυφά, κρατώντας μια παλιά φωτογραφία του πατέρα που δε γνώρισα.

Έμαθα να ζω χωρίς αυτόν, έμαθα να μην τον περιμένω, έμαθα να μην τον δικαιολογώ. Τον καταχώρησα μέσα μου σαν ένα ανθρωπάκι δειλό και κακόψυχο, ανάξιο να λέγεται πατέρας και να είναι γονιός μου. Τον ξέγραψα απ' τη ζωή κι απ' την ψυχή μου.

Τα χρόνια που πέρασαν, μου χάρισαν πολλή φροντίδα από τις γυναίκες της οικογένειας, πολλή επιτυχία στο σχολείο και πολλούς επαίνους για τις επιδόσεις και τα ταλέντα μου, κυρίως στο μπάσκετ και την κολύμβηση, κάτι που με έκανε να μοιάζω περισσότερο με τα άλλα παιδιά, που με έκανε να νιώθω ισότιμο μέρος ενός συνόλου.

Αυτή η ανάγκη μου να νιώθω κανονική έγινε ακόμη πιο έντονη και επιτακτική στα δεκατρία μου χρόνια, όταν μου συνέβη αυτό που όλοι απεύχονται για τα παιδιά τους: ο πατέρας ενός συμμαθητή μου μού επιτέθηκε σεξουαλικά μες στο ίδιο μου το σπίτι.

Δε θυμάμαι πολύ καλά, ίσως και να μη θέλω να θυμάμαι πώς ακριβώς έγινε και με ξεμονάχιασε ο μπαμπάς του Τάκη. Θυμάμαι το σοκ, την αηδία, τον τρόμο που ένιωσα, όταν άρχισε ύπουλα-ύπουλα να με καθοδηγεί στα ανήκουστα.

Η επόμενη σκηνή που θυμάμαι είναι οι φωνές της γιαγιάς, το πανδαιμόνιο και η δική μου ντροπή και ανάγκη να ανοίξει η γη να με καταπιεί. Ακολούθησαν ιατρικές εξετάσεις, ερωτήσεις, παιδοψυχολόγοι και μηνύσεις. Εγώ; Έπλενα κάθε λίγο και λιγάκι τα χέρια και το πρόσωπό μου για να καθαρίσουν, και παρακαλούσα να σταματήσουν όλοι να με ρωτάνε και να με αφήσουν απλά να το ξεχάσω.

Στα δεκαοκτώ μου πέρασα στην Παιδαγωγική Ακαδημία και βρέθηκα σ' ένα χώρο που μου άρεσε και μου ήταν γνώριμος. Είχα πολλές φίλες γυναίκες, αλλά και άντρες στους οποίους ξεκαθάριζα απ' την αρχή ότι δε μου αρέσουν οι πολλές οικειότητες και καλά θα έκαναν να αποφύγουν τα πολύ θαρραλέα και τολμηρά πάρε δώσε. Στα είκοσι ένα μου λοιπόν, ήμουν ακόμη χωρίς φίλο, μόνη, αλλά ευτυχής κι ανέμελη.

Δε θυμάμαι καλά πια στιγμή κατάλαβα ότι υπήρχαν ένα σωρό κουβέντες που γίνονταν πίσω απ' την πλάτη μου και έφταναν σε μένα σαν αχνά υπονοούμενα. Πληγώθηκα και στενοχωρήθηκα αφάνταστα για τη νοσηρή φαντασία των ανθρώπων. Ακόμη κι αν έμοιαζα διαφορετική, ήταν λόγος αυτός να με υποτιμούν και να με κοροϊδεύουν;

Κάποιες στιγμές, κάτι σαν μικρή μαύρη αστραπή ερχόταν απρόσκλητα στο μυαλό μου και μου ψιθύριζε ότι ίσως οι άλλοι να είχαν δίκιο και να ήμουν ένα αλλιώτικο, προβληματικό άτομο.

Τότε έβαλα στη ζωή μου τον Αντρέα ή μάλλον τον άφησα να μπει. Ο Αντρέας ήταν το "καλό παιδί", πάντα απίστευτα ευγενικός, ήρεμος, χαμηλών τόνων, με απόψεις σεβασμού για τη γυναίκα.

Του έδειξα με το δικό μου άμεσο, δυναμικό τρόπο ότι σκόπευα να γίνουμε ζευγάρι. Το κατάλαβε σαφέστατα και γρήγορα και, όπως μου εξομολογήθηκε, δεν πίστευε στην τύχη του. Του έβαλα έναν απαράβατο όρο: να μην τολμήσει ποτέ να με πιέσει ή έστω να με φέρει σε δύσκολη θέση όσον αφορούσε στο σεξ. Συμφώνησε κι έτσι τα "φτιάξαμε".

Οι γυναίκες του σπιτιού τον συμπάθησαν γενικά, αλλά έσπαγαν πλάκα με τους τρόπους και τη συστολή του. Ενάμιση χρόνο περάσαμε με τον Αντρέα κι ομολογώ ότι δεν είχα να του προσάψω κάποιο μεγάλο ελάττωμα ή κάποιο μεγάλο λάθος. Απλά ήταν για μένα υπερβολικά άβουλος. Έπρεπε εγώ να του λέω τι να κάνει, πώς να το κάνει. Ακόμα και στο σεξ έπρεπε εγώ να κινήσω τα νήματα και να οδηγήσω την κούρσα.

Με τον Αντρέα περνούσαμε αρκετές ώρες μαζί, με συνόδευε στο θέατρο, σε συναυλίες, σε καλλιτεχνικές εκδηλώσεις. Στην πισίνα και τους αγώνες δεν ερχόταν, *γιατί δεν ήθελα κανέναν εισβολέα απέξω να μοιραστεί ό,τι τόσα χρόνια ήταν αποκλειστικά δικό μου.*

Πηγαίναμε και σε πάρτι ή σε κάποια μπαράκια, αλλά ο Αντρέας δήλωνε ότι δεν του άρεσαν μέρη όπου δεν ήταν δυνατή η ανθρώπινη επικοινωνία και η ζεστή προσωπική επαφή και... "ένιπτε τας χείρας του".

Τότε τον έβλεπα μονόχνοτο, βαρετό κι απροσάρμοστο. Δεν μπορούσα να καταλάβω ότι απλά άρθρωνε κάτι που ήθελε και με το οποίο εγώ δε συμφωνούσα, χωρίς αυτό να τον κάνει ασήμαντο ή ανιαρό.

Όταν τότε του φώναζα γιατί δεν μπορούσε να γίνει λίγο πιο χαλαρός και αστείος, μου απαντούσε ότι και να το έκανε, δε θα το έβλεπα ποτέ θετικά, μιας και είχα αρνητική προδιάθεση και επικεντρωνόμουν στα αρνητικά του. Τότε πίστευα ότι με αδικούσε, τώρα όμως πιστεύω ότι τα λόγια του δεν ήταν καθόλου μακριά απ' την αλήθεια.

Όσο για τη σεξουαλική μας ζωή... Ο Αντρέας λειτουργούσε κανονικά, δεν ήταν άγριος, δεν ήταν απαιτητικός. Αλλά έχω την εντύπωση ότι με σεβόταν υπερβολικά πολύ, τόσο, ώστε να αφαιρεί αυτή την ερωτική ένταση από κάθε επαφή και συνεύρεση.

Του ζήτησα να χωρίσουμε γιατί δεν ένιωθα τίποτα γι' αυτόν. Είχα κουραστεί απ' την απραξία και την έλλειψη πρωτοβουλίας κι ενδιαφέροντος εκ μέρους του. Μου απάντησε πολλά και διάφορα που τότε τα θεώρησα υπερβολές και ανευθυνότητα, τώρα όμως τα αξιολογώ τελείως διαφορετικά.

Μου είπε ότι ποτέ δεν του άφησα χώρο να εκφραστεί, ότι πάντα έβλεπα τα ελαττώματά του και ποτέ τα καλά του και ότι ήμουν συνέχεια έτοιμη να βρω λόγους για να αποδείξω πως ήταν ανίκανος και άβουλος. Ότι πάντα έμπαινα μπροστά πρώτη κι ύστερα παραπονιόμουν γιατί δεν το έκανε αυτός, κι ότι πάντα τον φίμωνα και τον ακινητοποιούσα άλλοτε με τα λόγια, άλλοτε με τον τρόπο, το βλέμμα ή το ύφος μου κι ότι τον έκανα να νιώθει πως δεν άξιζε τίποτε, ούτε ως άντρας ούτε ως άνθρωπος.

Όσο για το σεξ, σαφέστατα καταπιεζόταν, αλλά το έκανε για να σεβαστεί και να ευχαριστήσει εμένα, μιας και με αγαπούσε και με εκτιμούσε...

Εν ολίγοις, όπως κατάλαβα τότε, μου έριχνε όλες τις ευθύνες και τα βάρη. Στο σπίτι, όταν τους μετέφερα τη συζήτηση, κάγχασαν και θριαμβολόγησαν «Άλλη μια φορά αποδεικνύεται ότι δεν υπάρχει σωστός άντρας...»

Και τότε γνώρισα τον Χάρη... Η μητέρα μου, η θεία κι η γιαγιά τσίριζαν για μέρες ότι ήμουν τρελή να μπλέξω μαζί του. Τον θεωρούσαν τυχοδιώκτη, αφερέγγυο και ανερμάτιστο!

Ο Χάρης ήταν ένας χαριτωμένος μπον βιβέρ. Προερχόταν από αριστοκρατική και ιδιαίτερα ευκατάστατη οικογένεια, αποποιούνταν όμως καθετί που σήμαινε αυτό και του άρεσε να σαρκάζει και να προκαλεί. Ζούσε τρελά, απρόοπτα και προκλητικά. Δεν είχε ωράρια, δεν είχε "πρέπει", δεν είχε δεσμεύσεις, δεν είχε υποχρεώσεις. Έμεινε δύο χρόνια στη Ρώμη, με το πρόσχημα των σπουδών, στην ουσία όμως γνώρισε τα άδυτα της νύχτας, τους καταστραμμένους απ' το ποτό και τους εξαρτημένους απ' το ξενύχτι, την υπερένταση που ονομαζόταν "κέφι", και τη βότκα που έτρεχε μέρα νύχτα στο αίμα του.

Όταν οι γονείς του άρχισαν να δυσανασχετούν και μετέτρεψαν αυτή τη δυσφορία τους σε οικονομικό αποκλεισμό, ο Χάρης απτόητος τους έπεισε ότι ήθελε να δοκιμάσει τις δυνάμεις του στο πανεπιστήμιο στο Παρίσι όπου δεν έκανε καν τον κόπο να μάθει την οδό της σχολής του.

Κάποια στιγμή οι γονείς του τον πήραν είδηση και του ζήτησαν να γυρίσει στην Αθήνα απειλώντας τον με διακοπή χρηματικών παροχών. Τότε, πήρε ένα σακ βουαγιάζ και μετακόμισε στην Ολλανδία όπου "δούλεψε" ως οικονόμος στο σπίτι μιας κυρίας της αριστοκρατίας. Άντεξε ενάμισι χρόνο κι ύστερα από περιπλανήσεις ανά την Ευρώπη κατέληξε στην Αθήνα για να γίνει... ζωγράφος. Εγκαταστάθηκε σ' ένα υπέροχο νεοκλασικό δίπλα στην Ακρόπολη, προς του Φιλοπάππου, που του είχε χαρίσει η γιαγιά του για να το αξιοποιήσει και να το κάνει ατελιέ!

Σ' αυτή τη φάση της ζωής του τον γνώρισα. Κανονικά, γνωρίζοντας τον Χάρη, θα έπρεπε να κρατήσω σταυρό και να κάνω ξόρκια, μιας κι αντιπροσώπευε τον "μπαμπούλα", δηλαδή τον κακό άντρα που πλήγωνε κι εκμεταλλευόταν τα κορίτσια στο όνομα της αγάπης και του έρωτα.

Ούτε κι εγώ ξέρω ακριβώς γιατί και πώς τον ερωτεύτηκα ή μάλλον, για να είμαι πιο ακριβής, πώς γοητεύτηκα απ' αυτόν. Ίσως γι' αυτόν τον αέρα του κοσμοπολίτη, ίσως για την ικανότητά του να κάνει τα πράγματα να μοιάζουν πολύ απλά κι εύκολα, ίσως για την ανεμελιά –βλέπε ανευθυνότητα– που του έδινε φρεσκάδα και γοητεία. Απ' την άλλη, ίσως ήταν η στιγμή να αναμετρηθώ και να αντιμετωπίσω ό,τι υπήρξε κόκκινο πανί για την οικογένειά μου.

Δεν είχα ψευδαισθήσεις για τον Χάρη, δεν πίστευα ότι μπορούσε να αλλάξει. Ήθελα απλά να ζήσω μαζί του όλα αυτά τα περίεργα κι αντισυμβατικά που δημιουργούσε στην περιπετειώδη κι ανέμελη ζωή του.

Πολύ γρήγορα εγκαταστάθηκα στο σπίτι του. Ο Χάρης υποτίθεται ότι θα φρόντιζε το σπίτι, αλλά ποιος μπορούσε να υπολογίζει σ' αυτόν; Κανείς απολύτως, γιατί γρήγορα καταλάβαινε ότι είχε να κάνει μ' ένα ανεύθυνο παιδί. Μόνο που αυτό το "παιδί" ένα βράδυ λίγο έλειψε να κάψει το κρεβάτι γιατί αποκοιμήθηκε με αναμμένο τσιγάρο ανάμεσα στα σεντόνια!

Από τότε σταμάτησα να περιμένω οτιδήποτε από εκείνον. Και εκείνος συνέχισε να... ζωγραφίζει, να χαίρεται τις μέρες και τις νύχτες του, να σπάει πλάκες και να διασκεδάζει. Ξέροντας ότι ήταν άχρηστος για οτιδήποτε, έστω κι απλό, καθημερινό, ανέλαβα όλες τις ευθύνες και τις υποχρεώσεις του σπιτιού και της κοινής μας ζωής.

Όσο χύμα όμως ήταν σαν σύντροφος, τόσο υπεύθυνος και δοτικός ήταν σαν εραστής κι αυτό ήταν κάτι που με κρατούσε κοντά του. Κι εκεί που αναρωτιόμουν αν και κατά πόσο ήμουν ευτυχισμένη, έμεινα έγκυος. Πότε έγινε το λάθος, πώς έγινε, δεν μπορούσα να καταλάβω. Η ουσία όμως ήταν ότι βρισκόμουν μπροστά σ' αυτό το λάθος, κι έπρεπε να το αντιμετωπίσω.

Ένιωθα πολύ μόνη εκείνη την εποχή... Ένιωθα θλίψη, μπέρδεμα, φόβο και κυρίως μοναξιά, πολύ μεγάλη μοναξιά. Ο Χάρης, ζώντας στο δικό του κόσμο, ούτε αντιλήφθηκε καλά καλά την αλλαγή της διάθεσής μου.

Όταν τελικά αποφάσισα να του το πω, κατάπιε τρία απανωτά σφηνάκια τεκίλα, φώναξε "αρίμπα" κι ύστερα με πήρε αγκαλιά και με λόγια μεθυσμένα κι αισιόδοξα με αποκοίμισε. Θα το σκεφτόμασταν, είπε, μαζί την άλλη μέρα με καθαρό μυαλό και σοβαρή διάθεση.

Αυτή την "άλλη μέρα" ο Χάρης έφυγε για τσιγάρα και βρέθηκε στη λίμνη Κόμο της Ιταλίας. Δεν μπόρεσα να του κρατήσω μεγάλη κακία γιατί, όπως έλεγε κι η μαμά μου, ήταν απλά άντρας... Τότε κατάλαβα ότι δεν έπρεπε να μπλέξω τόσο πολύ μαζί του, έπρεπε να τον είχα μόνο για σεξ και διασκέδαση, είδος προς χρήση και μετά για πέταμα.

Παρ' όλες όμως τις σκέψεις και την αυτοκριτική, λύση δεν μπορούσα να βρω. Απ' τη μια χαιρόμουν για το μικρό μωράκι που ίσως αποκτούσα κι έκανα σχέδια γι' αυτό. Απ' την άλλη ένιωθα μπερδεμένη, ανώριμη να αναλάβω μια ευθύνη που δεν επέλεξα. Δεν ήθελα να πάρω στο λαιμό μου ένα παιδάκι που το μόνο του λάθος ήταν ότι είχε ανάξιους γονείς.

Έτσι, σιγά σιγά, η φωνή της λογικής υπερίσχυσε κι έδωσα τέλος στην ιστορία με τη βοήθεια ενός αγαπημένου φίλου και γυναικολόγου μου. Έκλαψα μόνη μου όσο δεν είχα κλάψει ποτέ ως τότε, με βαθιά συντριβή. Αντί για ανακούφιση, ένιωσα ερημιά, εγκατάλειψη και πόνο, αφόρητο βαθύ πόνο. Πολλές φορές, στα χρόνια που ακολούθησαν, αναρωτήθηκα αν πήρα τη σωστή απόφαση, αλλά ποτέ δεν απάντησα με σιγουριά.

Σ' αυτή τη θολή φάση της ζωής μου, γνώρισα τον Ερμή, ένα γερό βράχο δίπλα μου, ένα στέρεο και δυνατό εμπόδιο στη φουρτούνα που ένιωθα να 'ρχεται μέσα μου γρήγορα και καταλυτικά.

Ο Ερμής ήταν σκηνογράφος, από τους καλούς και ελπιδοφόρους. Η πρώτη μου εντύπωση ήταν αυτή που έμεινε τελευταία. Ο Ερμής έβγαλε κάτι ιδιαίτερο, εύθραυστο, γλυκό και τρυφερό που όμως προστάτευε με χιούμορ που έφτανε τα όρια του σαρκασμού.

Γνωρίζοντάς με, προσπάθησε να με κάνει να νιώθω άνετα, οικεία και φιλικά. Δε θέλησα να αντισταθώ σ' αυτή την επίθεση φιλίας και φλερτ. Το μεγαλύτερο διάστημα της αρχικής μας συνύπαρξης περιλάμβανε μόνο εφηβικές, πλατωνικές εκδηλώσεις. Ο Ερμής δεν έδειχνε μεγάλο ενδιαφέρον για το σεξ ή, για να ακριβολογήσω, δεν τον συνέπαιρνε. Του άρεσε, το απολάμβανε, αλλά δεν ήταν αυτό που θα τον γέμιζε πάθος και θα τον κινητοποιούσε. Ακόμα, δεν έκανε διάκριση στα φύλα. Μπορεί να ελκόταν το ίδιο από έναν άντρα ή μια γυναίκα. Δεν του άρεσαν οι γρήγοροι ρυθμοί ούτε οι εφήμερες, μιας χρήσης, καταστάσεις. Ήθελε ηρεμία κι αφοσίωση, αλλά και ζωντάνια και φαντασία.

Μείναμε μαζί γύρω στους δέκα μήνες. Όταν μελαγχολούσα, γινόταν ο ψυχολόγος μου, όταν έκλαιγα, η μαμά μου. Όταν ένιωθα απειλή, γινόταν σύντροφος, όταν παιδιάριζα, μπαμπάς μου. Ό,τι μας πονούσε, μας δυσκόλευε ή μας πλήγωνε το σαρκάζαμε, το κοροϊδεύαμε, το ακυρώναμε. Είχαμε κάνει έμβλημά μας το ξόρκισμα της δυστυχίας κι ήμασταν αποφασισμένοι να μην επιτρέψουμε σε κανέναν και τίποτα να μας βουτήξει στη μιζέρια.

Αυτή η μισοαδελφική, μισοφιλική, μισοερωτική σχέση τελείωσε κάποια στιγμή αθόρυβα, σχετικά ανώδυνα και πολιτισμένα. Σιγά σιγά σταματήσαμε να κάνουμε έρωτα, σταματήσαμε να πειραζόμαστε, σταματήσαμε να προκαλούμε και να διασκεδάζουμε. Μπήκαμε σε μια ρουτίνα αποχαυνωτική, υπνωτική, όχι ιδιαίτερα δυσάρεστη, αλλά βαρετή κι ανιαρή.

Είχα ήδη αρχίσει να νιώθω τσιμπήματα ευθύνης. Άρχισα να υποψιάζομαι ότι είχε έρθει η ώρα να ασχοληθώ με τον εαυτό μου, να με αντιμετωπίσω κατευθείαν και να επαναπροσδιορίσω τόσο τα πιστεύω όσο και τα θέλω μου.

Αυτή η διαδικασία όμως δεν έγινε τότε. Άργησε λίγο, λες και ό,τι μας φοβίζει προσπαθούμε τόσο να το αποφύγουμε, ώστε είμαστε διατεθειμένοι να υποκύψουμε σε όποια σειρήνα προσφέρει την παράκαμψη και τη διαφυγή.

Γι' αυτό άφησα να γοητευτώ από ένα πλάσμα ξεχωριστό που μπήκε σαν σίφουνας στη ζωή μου, προκαλώντας τόση και τέτοια αναταραχή, που πήρε καιρό και δυσκολία για να καταλαγιάσει. Το άτομο αυτό ήταν η Έφη, μια απίστευτα δυναμική, γεμάτη ζωντάνια και ενέργεια νεαρή γυναίκα που τα 'χε βρει με τον εαυτό της και ήξερε να διεκδικεί και να παίρνει αυτό που ήθελε κι επιθυμούσε. Στην προκειμένη περίπτωση ό,τι θέλησε και επιθύμησε ήμουν εγώ.

Μου φανέρωσε με τρόπο πολύ καθαρό και ευθύ τις σεξουαλικές προτιμήσεις της και με τρόπο εξίσου ειλικρινή την έλξη της για μένα. Απ' τη μια ένιωθα οικεία, ένιωθα τρυφερά, ένιωθα όμορφα, απ' την άλλη ένιωθα άβολα, παράξενα. Άφησα λοιπόν τον εαυτό μου ελεύθερο να ζήσει την όποια εμπειρία θα του προέκυπτε χωρίς αναστολές και στεγανά.

Έτσι άρχισε η ερωτική μου σχέση με την Έφη. Την ακολούθησα σε μέρη όπου και έζησα την απομυθοποίηση της ιστορίας. Γνώρισα άτομα χαρούμενα και ισορροπημένα, γνώρισα άτομα μελαγχολικά και μόνα. Μίλησα με γυναίκες πικραμένες και στερημένες, μίλησα και με άλλες ζωντανές και δοτικές.

Σε όλα αυτά, η Έφη με καθοδηγούσε ήρεμα, αργά και μεθοδικά, μη θέλοντας να με τρομάξει ή να με απογοητεύσει. Δεν κοίταζα τίποτε αφ' υψηλού, ούτε όμως και από πολύ κοντά. Διατηρούσα πάντα μια απόσταση ασφαλείας που με κρατούσε αρκετά απέξω, κάνοντάς με να κρατήσω την ικανότητα της ανεπηρέαστης σκέψης και κρίσης.

Η Έφη ήξερε να είναι φίλη και σύντροφος. Δεν ξέρω αν στ' αλήθεια ένιωσα άνετα ή αν απλά ήταν η συνύπαρξη με ένα σώμα όμοιο με το δικό μου που κάνει την εξοικείωση δεδομένη. Οι συνευρέσεις μας δεν ήταν άσχημες, δεν είχαν τίποτα χυδαίο, μεμπτό. Απλά δεν ένιωθα ερωτικό καρδιοχτύπι, δεν ένιωθα σκιρτήματα, όταν τη χάζευα ανάμεσα σ' άλλα πρόσωπα, ούτε σφιγγόταν το στομάχι μου στη σκέψη να πάει με άλλη.

Απ' την άλλη δε σταμάτησα ποτέ να χαζεύω τους άντρες. Μου άρεσε το αντρικό κορμί, το έβρισκα πολύ ελκυστικό. Μου γεννούσε ένταση, επιθυμία, πόθο.

Σιγά σιγά άρχισα να βλέπω ότι έφτασε η ώρα να αντικρίσω τον εαυτό μου, να συζητήσω κάποιες αλήθειες μαζί του. Τι ήμουν τελικά; Ομοφυλόφιλη δεν ένιωθα. Με τους άντρες είχα προβλήματα, αλλά μου άρεσαν. Ευτυχία συντροφική με έρωτα κι αγάπη δεν είχα βρει. Τι άνθρωπος ήμουν; Σε τι πίστευα και σε τι όχι; Τι έψαχνα τελικά στη ζωή μου;

Πολλές φορές είχα την αίσθηση ότι όσα έκανα ήταν αντίγραφα των αληθινών συναισθημάτων μου. Ένιωθα λες και με παρατηρούσα να νιώθω. Αποφάσισα και μίλησα με ειλικρίνεια στην Έφη, τέτοια που της άρμοζε, και της εκμυστηρεύτηκα όλα όσα ένιωθα. Έδειξε απέραντη κατανόηση κι αποδοχή. Μου είπε ακόμη ότι δεν έπρεπε να μπερδεύω την εκτίμηση, τη συνήθεια και τη φιλία με τον έρωτα. Ότι δεν έπρεπε να συγχέω την υποτίμησή μου για τους άντρες με την έλξη για μια γυναίκα. Ότι η ίδια είχε γνωρίσει τον έρωτα και ήξερε πολύ καλά τη διαφορά του απ' τη φιλία. Και ότι σκόπευε να τον ψάξει και να τον διεκδικήσει ξανά ώσπου να τον βρει και πάλι.

Η Έφη έμεινε φίλη μου ως σήμερα, επτά χρόνια μετά, φίλη αληθινή, πιστή κι αγαπημένη. Εδώ και δύο χρόνια βρήκε τον έρωτα που έψαχνε και ζει με τη σύντροφό της όμορφα κι ωραία. Αυτά για την Έφη.

Εγώ, εκείνη την περίοδο, αποφάσισα να φύγω στην Αγγλία για ειδίκευση στη φυσιοθεραπεία για παιδιά με κινητικά προβλήματα. Νομίζω ότι οι γυναίκες της οικογένειας ανακουφίστηκαν γιατί "άλλο να θεωρούμε τους άντρες κατώτερους κι άλλο να γινόμαστε λεσβίες", όπως αναφώνησε η θεία Γιώτα.

Έφυγα με την έντονη ανάγκη να αφήσω όλα τα γνώριμα πίσω μου. Ήθελα να προσπαθήσω να βρω την ταυτότητά μου, να βρω τον εαυτό μου και να κάνω ειρήνη μαζί του. Βρήκα ένα μικρό διαμέρισμα, οργάνωσα τη δική μου γωνιά κι απόλαυσα μοναξιά κι αυτοσυγκέντρωση. Η μόνη μου δραστηριότητα, εκτός των μαθημάτων, ήταν η πισίνα και μια ομάδα γυναικών που συναντιόμασταν μια φορά την εβδομάδα.

Ήταν όλες νέες κοπέλες, σπουδάστριες ή εργαζόμενες στον ευρύτερο χώρο του πανεπιστημίου, κι είχαν αποφασίσει να βρουν την ισχύ εν τη ενώσει. Ισχύς, στην προκειμένη περίπτωση, ήταν η αυτογνωσία και η ανάπτυξη της ικανότητας δημιουργίας σχέσεων.

Υπήρχε μια συντονίστρια της συζήτησης και μια ψυχολόγος από το τμήμα ψυχολογίας του πανεπιστημίου που έκανε την πρακτική της εξάσκηση και είχε την ευθύνη για τη δυναμική της ομάδας. Μου φάνηκε ότι ήταν κάτι που χρειαζόμουν σε εκείνη τη φάση του ξεκαθαρίσματος με τον εαυτό μου και δε διαψεύστηκα.

Αφοσιώθηκα σ' αυτή τη διαδικασία με πολύ θετική διάθεση κι έδωσα και πήρα πάρα πολλά. Άκουσα κοπέλες πληγωμένες, μόνες, ταπεινωμένες, θυμωμένες, ταλαιπωρημένες από γονείς και συζύγους, προδομένες από φίλους κι εραστές. Κι όμως όλες ήθελαν να αλλάξουν τη ζωή τους, να διεκδικήσουν έναν καλύτερο κλήρο στη ζωή, να βρουν την ευτυχία που στο όνομά της τόσα στραβά και δυσάρεστα γίνονται.

Αγάπησα αυτές τις γυναίκες κι ένιωσα κομμάτι τους. Κατέθεσα κι εγώ τη δική μου προσωπική πορεία, τους προβληματισμούς, τις αναστολές, τα μπερδέματά μου. Με αντιμετώπισαν κι αυτές με κατανόηση και αποδοχή κι έτσι βρήκα το θάρρος να προχωρήσω λίγο πιο βαθιά και να φτάσω το μαχαίρι στην πληγή.

Εντόπισα και παραδέχτηκα όλη την αντιπαλότητα άντρα-γυναίκας που έζησα από μικρή, που δέχτηκα ως δεδομένο. Μίλησα για τον πατέρα μου και την έλλειψή του. Τον πόνο απ' τη φυγή του και την υποψία μου ότι την προκάλεσα εγώ. Τις αγωνίες και τους φόβους μου ότι έφταιγα επειδή είχα κάνει κάτι κακό ή απλά ήμουν ένα βαρετό, ασήμαντο πλάσμα. Μίλησα για τη λαχτάρα που είχα να γυρίσει, για τη μετέπειτα απογοήτευση και πικρία, όταν πίστεψα ότι έφυγε για πάντα.

Ύστερα για το πώς έμαθα να κρύβω και να καταχωνιάζω βαθιά στην καρδιά μου όλα τα συναισθήματα.

Κατάλαβα και εξέφρασα το θυμό μου, ένα θυμό που έκρυβε φόβο, πικρία, αδικία, ένα θυμό που συντηρούσαν και υποδαύλιζαν όλες οι γυναίκες του σπιτιού και που μας δηλητηρίαζε για πολλά χρόνια.

Αυτός ο ίδιος θυμός που κάλυψε όλο το ανδρικό φύλο και δεν ήξερα πια τι μισούσα περισσότερο, τους άντρες σαν πρόσωπα ή το ρόλο τους στη σχέση. Δεν καταλάβαινα από πού αποκτούσαν την ικανότητα να μας πληγώνουν και πώς μπορούσαμε εμείς να τους αφήνουμε. Δεν καταλάβαινα πόσο αψήφιστα έπαιρναν τη ζωή και με πόση ελαφρότητα αντιμετώπιζαν τις ευθύνες τους.

Ύστερα ασχολήθηκα με τις ως τότε επιλογές μου. Ο Αντρέας... Υπέθεσα ότι ήταν αδύναμος και τον υποτίμησα. Δεν μπόρεσα ή δεν πρόλαβα να αξιολογήσω τη συμπεριφορά του. Τον κατέταξα στους ασήμαντους, τους άβουλους, και σαν τέτοιον τον αντιμετώπισα. Δε θέλησα, δεν ήξερα να ξεχωρίσω την ευγένεια απ' την αδυναμία, τη σεμνότητα απ' την παθητικότητα. Δεν ξέρω πώς θα ήταν τα πράγματα, αν του άφηνα χώρο να αναπνεύσει και να αναπτυχθεί η σχέση μας. Αν δεν έστεκα σαν κριτής και τιμωρός από πάνω του για να προλάβω την απραγία του ή για να καυτηριάσω τις αδυναμίες του. Απλά του έβαλα την ετικέτα που είχε ήδη από τη μάνα του και συνέχισα το ίδιο τροπάρι.

Με τον Αντρέα απαιτούσα, δε ζητούσα ούτε διεκδικούσα. Τον διέταζα κι όταν δεν υπάκουε, τον απέρριπτα θεωρώντας ότι ήταν άλλη μια απόδειξη της έλλειψης προσωπικότητας. Ό,τι δε γινόταν με το δικό μου τρόπο ήταν επαλήθευση του λάθους του, σίγουρα ως εκπρόσωπος του φύλου του, αλλά και ως συγκεκριμένο πρόσωπο...

Δεν τον αγάπησα ποτέ, δεν τον αποδέχτηκα ποτέ. Ήταν απ' την αρχή "καμένο χαρτί" για μένα, αλλά μέσα στην απειρία μου μού φάνηκε σαν την καλύτερη δυνατή εκδοχή του πλάσματος που είχα καταγράψει σαν το "θηρίο", δηλαδή τον άντρα.

Ο Χάρης... Η επαλήθευση της ανευθυνότητας και της παραπλάνησης. Ήταν σαν να ήθελα επί τούτω να αποδείξω ότι μπορώ τελικά να αναμετρηθώ με τον εχθρό και μάλιστα στην πιο σκληροπυρηνική μορφή του.

Κορόιδευε και σάρκαζε για τον ίδιο και τα καμώματά του, ίσα ίσα όμως για να έχει το άλλοθι να τα ξανακάνει. Εξέθετε τον εαυτό του γυμνό, όπως έμαθε να είναι, για να μπορεί μετά να το παίζει χαριτωμένος και τσαχπίνης.

Έχει μια γοητεία η παιδική αφέλεια και η ανεμελιά, όταν όμως αφορά στα παιδιά. Οι μεγάλοι υιοθετούν μια τέτοια στάση συχνά, όταν αρνούνται να αντιμετωπίσουν σοβαρά τον εαυτό τους, όταν φοβούνται να πάρουν ευθύνες. Διαιωνίζουν με το ζόρι την εικόνα του παιδιού και κρεμιούνται απ' αυτή για να δικαιολογήσουν τις δυσκολίες τους να πορευτούν στη ζωή, να ωριμάσουν. Πολλοί μάλιστα είναι περήφανοι και το καυχιούνται, όταν μπερδεύουν τη νεανική φρεσκάδα και ζωντάνια με την έλλειψη προσωπικής ευθύνης και την ανευθυνότητα.

Πόσο πολύ είχα πονέσει τότε με την εγκυμοσύνη και την άμβλωση. Μόνο που προσπάθησα να κουκουλώσω τα πράγματα πολύ γρήγορα, μην αφήνοντας τον εαυτό μου να θρηνήσει και να πενθήσει την απώλειά του. Τόσα χρόνια, μόλις τώρα άφησα τον εαυτό μου ελεύθερο να εισπράξει ό,τι έγινε τότε. Άφησα τα δάκρυα ελεύθερα, άφησα τις τύψεις μου να με πληγώνουν, άφησα την καρδιά μου ελεύθερη να πονέσει μέχρι το σπαραγμό και τη συντριβή. Δεν μπορείτε να φανταστείτε πόσο λυτρωτικό ήταν, πόσο δύσκολο, αλλά και πόσο απλό!

Κι ύστερα η αίσθηση της κάθαρσης και η απόφαση να μην αφήσω κανένα να παίξει με το σώμα και την υγεία μου, να μάθω να σέβομαι αυτό που έχω κι αυτό που είμαι, να εκτιμώ και να υπολογίζω περισσότερο την υπόθεση που λέγεται σύλληψη ενός παιδιού, να είμαι εγώ υπεύθυνη για τις επιλογές μου...

Στη συνέχεια σκέφτηκα τον Ερμή, το γλυκό, τρυφερό, φοβισμένο Ερμή που στην προσπάθειά του να μην πληγωθεί και καταρρεύσει, έχτιζε γύρω του κάστρα από αστεία, σαρκασμούς, γέλια ώστε να τον προστατεύουν από την οικειότητα, από το πλησίασμα, το πάρε δώσε της αγάπης.

Ο Ερμής φοβόταν, όπως κι εγώ, κι ενώσαμε τις δυνάμεις μας για να μη νιώθουμε, άρα να μην κινδυνεύουμε να προδοθούμε, να πληγωθούμε, να πονέσουμε, ίσως να μην αποκαλυφθεί ο φόβος ότι δεν αξίζουμε να αγαπηθούμε. Δανείστηκα κι εγώ τη μέθοδό του και τον δέχτηκα στην καρδιά μου περισσότερο απ' τους άλλους. Ίσως η κρυμμένη θηλυκότητά του να εξισορρόπησε την αρρενωπή του πλευρά κάνοντάς την πιο ανεκτή.

Από τρυφερότητα και γλύκα έχουν ανάγκη όλα τα ανθρώπινα πλάσματα, αρκεί να θέλουν να την εισπράξουν και να την ανταποδώσουν, να τη χειριστούν χωρίς φόβο, με δόσιμο, αξιοπρέπεια και αυτοσεβασμό.

Τότε ακόμη, τα πρότυπά μου ήταν απόλυτα και στενόμυαλα φτιαγμένα. Το κάθε φύλο είχε συγκεκριμένα χαρακτηριστικά κι αυτό επιβεβαιωνόταν στις επιλογές μου. Κάποια στοιχεία χαρακτήριζαν τον άντρα, κάποια άλλα τη γυναίκα, και συγκεκριμένα τα αρνητικά τον άντρα, τα θετικά τη γυναίκα.

Όταν λοιπόν επαλήθευσα στην πράξη αυτά τα πιστεύω και διάλεξα όλους τους άντρες που θα τα επιβεβαίωναν, στράφηκα στη θετική πλευρά, επενδύοντας σε θηλυπρεπή άντρα κι αργότερα σε μια γυναίκα.

Δε μετανιώνω για τη σχέση μου με την Έφη, γιατί ήταν κι αυτή ακόμη ένα βήμα στην αυτογνωσία και την ενδοσκόπησή μου. Τώρα ξέρω ότι αν τη γνώριζα απ' την αρχή, θα την έκανα φίλη, πολύτιμη κι ακριβή, όμως σκέτα κι απλά φίλη.

Δε θα με πείραζε να είμαι ομοφυλόφιλη ούτε έχω τίποτα εναντίον. Απλά δεν είμαι... Με ελκύει το ανδρικό σώμα, η μυρωδιά του, η αίσθησή του. Γνώρισα τον πόθο και απόλαυσα το σεξ και τον έρωτα με τον Χάρη, γνώρισα την τρυφερότητα και έζησα τη φροντίδα με τον Ερμή, γνώρισα την εκτίμηση κι έζησα το σεβασμό με τον Αντρέα, την αποδοχή με την Έφη. Δε θα μπορούσαν όλα αυτά να συγκεντρωθούν άραγε σ' ένα πρόσωπο;

Αν κάποιος άντρας απαρνιόταν το βιολογικό και κοινωνικό του πεπρωμένο, αυτό που του έφτιαξαν πολλά χρόνια πριν, δε θα μπορούσε άραγε να ξεφύγει και να φτιάξει το δικό του τρόπο να κάνει σχέσεις; Έναν τρόπο ενδεχομένως πιο ανθρώπινο, πιο τρυφερό, λιγότερο εξουσιαστικό κι αυθαίρετο.

Αν έπαυε να έχει ανάγκη τη γυναίκα υποτελή και δεδομένη και τολμούσε, διακινδύνευε και την επιθυμούσε περήφανη κι ανεξάρτητη. Αν μάθαινε να δεσμεύεται σε μια σχέση και να αγαπάει όχι σαν δούλος, αλλά ούτε και σαν αφέντης... Αν μια γυναίκα παραδεχόταν και εξαργύρωνε το φυσικό δικαίωμά της να υπάρχει ισότιμα δίπλα στον άντρα, να έχει άποψη, να διεκδικεί τα δίκια της, να αγαπάει με αξιοπρέπεια και όχι με υποταγή σκλάβας, να ανασαίνει ελεύθερα και όχι ζητώντας άδεια, ίσως τότε να αποκτούσαμε περισσότερη εμπιστοσύνη ο ένας στον άλλο και να απολαμβάναμε την ευτυχία μαζί ως ισότιμοι σύντροφοι, συνεργάτες, φίλοι κι εραστές.

Ήθελα να κάνω συνθήκη ειρήνευσης με τους άντρες. Ένιωθα κουρασμένη απ' τον τριακονταετή πόλεμο, λεηλατημένη και χωρίς στόχο νίκης. Δεν ήθελα να νικήσω ούτε να με νικήσει κανείς. Ήθελα απλά να συνυπάρχω εν ειρήνη, αρκεί να έβρισκα την ηρεμία και την ισορροπία που ζητούσα.

Η παύση του πολέμου με γαλήνεψε, με ημέρωσε και με πολύ πιο θετική διάθεση άρχισα να κάνω γνωριμίες και φιλίες. Άφησα τους άλλους να με πλησιάσουν χωρίς να κρύβομαι στην πισίνα μου ή τους σαρκασμούς μου. Στην αρχή ήμουν μουδιασμένη, σιγά σιγά όμως άρχισα κι εγώ να αφήνομαι και να ανοίγομαι.

Η επιστροφή μου στην Αθήνα στην αρχή με άγχωσε και μου δημιούργησε ένταση και αγωνία. Ήξερα τι ήθελα πια και γνώριζα πώς θα το αποκτούσα. Άλλο όμως να το σκέφτεσαι, άλλο να το νιώθεις κι άλλο να το κάνεις.

Πρόβαλα σθεναρή αντίσταση στις γυναίκες του σπιτιού που με ήθελαν κοντά τους, κι έψαξα μόνη ένα δικό μου χώρο. Δεν ήθελα πια να δηλητηριάζω τη ζωή μου με καθημερινά αστεία ή ανάθεμα στους άντρες. Είχα τελειώσει, όπως σας είπα, με το μίσος, τώρα πια μάθαινα ν' αγαπώ.

Σεβόμουν τις γυναίκες της οικογένειας, δεν τις υποτιμούσα, ούτε ήθελα να τους κάνω την έξυπνη ούτε να τις αλλάξω. Απλά ήθελα να τραβήξω το δικό μου δρόμο όπως εγώ ήθελα, όπως νόμιζα ότι θα με οδηγούσε στην ευτυχία.

Το μικρό στούντιο κοντά στον Λυκαβηττό με μάγεψε απ' την αρχή και παρότι ήταν ακριβότερο απ' ό,τι άντεχε η τσέπη μου, αποφάσισα να το νοικιάσω και να κυνηγήσω περισσότερο τη δουλειά μου. Μου άρεσε ο ήλιος που έπεφτε το πρωί στο μπαλκονάκι μου, ξετρελάθηκα με τη θέα του δάσους κι απολάμβανα μέρα νύχτα τη γαλήνη και την ομορφιά του. Είχε μια θετική ενέργεια αυτό το σπίτι ή εγώ ένιωθα έτσι και το εξέπεμπα;

Η δουλειά μου άρχισε σιγά σιγά να αποδίδει και σε έξι μήνες είχα πια μια αξιόλογη πελατεία. Χρησιμοποιώ τον όρο "πελάτης" γιατί δεν μπορώ να βρω καταλληλότερο. Δεν είναι ικανός όμως να περιγράψει τη σχέση που ανέπτυσσα με τον άνθρωπο που ζητούσε τη βοήθειά μου.

Για μένα δεν ήταν απλά μια δουλειά που μου έδινε –περισσότερο από ικανοποιητικά– τα προς το ζην. Ήταν η προσωπική μου προσπάθεια να φτάσω το μάξιμουμ των ικανοτήτων μου για να νικήσω το άνευρο, παθητικό σώμα. Ήταν η θέλησή μου να εμπνεύσω τον άνθρωπο που ένιωθε προδομένος απ' τη ζωή. Να τον κάνω να διεκδικήσει όσα περισσότερα μπορούσε, ακόμη κι αν αυτά ήταν λίγα σε σχέση με τους άλλους ανθρώπους. Να βάλουμε μαζί στοίχημα ζωής και να φτάσουμε εκεί όπου θα είναι ευχαριστημένος ξανά απ' τον εαυτό του κι απ' τη ζωή.

Δεν ήμουν ψυχολόγος, μπορούσα όμως κι εγώ να βάλω το δικό μου λιθαράκι στα πλαίσια της ανθρωπιάς, της αγάπης, της καλοσύνης και της προσφοράς. Συνάντησα ανθρώπους παρατημένους, σώματα τσακισμένα και καρδιές πικραμένες, παγωμένες, γεμάτες αυτολύπηση. Συνάντησα όμως κι άλλους που είχαν συμφιλιωθεί με την αδυναμία τους. Ήθελαν να προχωρήσουν μπροστά, με αισιόδοξη σκέψη και πολλή αγάπη. Αυτοί σε καλούσαν να τους δεχτείς, να τους θαυμάσεις, να τους αγαπήσεις και δεν ήθελες παρά να ανταποκριθείς.

Έτσι ένιωσα, όταν γνώρισα το μικρό Φίλιππο με τη μεγάλη καρδιά. Ο Φίλιππος μεγάλωνε με τον πατέρα του, γιατί η μητέρα του είχε πεθάνει πολύ νωρίς, λίγο μετά τη γέννα. Ο πατέρας του, ο Αντώνης, ήθελε να έχει ο ίδιος την ευθύνη της ανατροφής του παιδιού του κι αρνήθηκε να προσλάβει άλλο άνθρωπο. Απλά δεχόταν πού και πού τη βοήθεια μιας θείας του, αλλά σε πολύ συγκεκριμένα θέματα και με πολύ συγκεκριμένο τρόπο.

Κάθε πρωί φρόντιζε κι ετοίμαζε τον Φίλιππο, τον πήγαινε στο ειδικό σχολείο και τον παραλάμβανε το απογευματάκι γυρνώντας απ' τη δουλειά του. Τον βοηθούσε στα μαθήματα, τον πείραζε, έπαιζαν, γελούσαν και μοιράζονταν αυτό που άλλοι άνθρωποι προσπαθούν μια ζωή να πετύχουν: τη χαρά και την οικειότητα της παρέας και της αγάπης.

Δεν ήταν κλεισμένοι στον κόσμο τους. Τους άρεσε να δέχονται φίλους στο σπίτι. Ήταν φιλόξενοι και πολύ καλοί οικοδεσπότες. Σε έκαναν να νιώθεις άνετα απ' την αρχή, δεν προσποιούνταν με τυπική ευγένεια και σαβουάρ βιβρ. Άρθρωναν καθαρά όσα τους απασχολούσαν και μιλούσαν ανοιχτά για την κατάσταση του Φίλιππου.

Σε φίλευαν πολύ ωραία "σπιτικά" πράγματα –αγορασμένα από τους επαγγελματίες της γειτονιάς, όπως σου ομολογούσαν συνωμοτικά αργότερα– ενδιαφέρονταν για τη ζωή και τα προβλήματά σου. Ήταν τόσο αξιαγάπητοι, που δέχτηκα αμέσως να αναλάβω τον Φίλιππο με μεγάλη χαρά κι επιθυμία. Σε λίγο καιρό περίμενα πώς και πώς την ώρα να τους επισκεφτώ. Λαχταρούσα τη ζεστή τους ατμόσφαιρα, τα γέλια, τα πειράγματα και την καλοσύνη τους.

Τους αγάπησα όσο βαθιά μπορεί κάποιος να αγαπήσει. Δε φοβήθηκα ούτε στιγμή να αφήσω ελεύθερο τον εαυτό μου. Ούτε όταν η καρδιά μου άρχισε να χτυπάει πολύ αλλιώτικα και δυνατά για τον Αντώνη, βάζοντας για πρώτη φορά στη ζωή μου τον έρωτα πλάι στην αγάπη. Τους έδειξα την αγάπη μου και μου την ανταπέδωσαν πολλαπλάσια. Μου έδειξε τον έρωτά του και τον εισέπραξα σαν το καλύτερο δώρο που μου είχε κάνει ο Θεός αφότου γεννήθηκα.

Δε φοβήθηκα να μιλήσω στον Αντώνη για μένα, για όσα έζησα, για όσα πέρασα, για το ταξίδι της αυτογνωσίας και της αυτοεκτίμησης. Με άκουγε, με άκουγε χωρίς να με κρίνει, να με κατηγορήσει ή να με κοροϊδέψει ούτε στιγμή. Με δέχτηκε όπως ήμουν, με ό,τι και όπως είχα ζήσει και ζήτησε να κάνω το ίδιο και γι' αυτόν για να ξεκινήσουμε με αγάπη και αποδοχή, κλείνοντας ειρηνικά το παρελθόν και όσα μας πλήγωσαν και μας πόνεσαν.

Πάνε πέντε χρόνια από εκείνη την ευλογημένη μέρα. Πέντε χρόνια που ούτε λεπτό δε σταμάτησα να τον αγαπώ, να τον τιμώ και να τον θέλω. Αφήστε που τον βρίσκω όλο και πιο όμορφο, πιο σέξι, πιο γοητευτικό. Το ίδιο λέει κι αυτός για μένα, αλλά νομίζω ότι είμαστε απλά δύο ερωτευμένοι άνθρωποι που στα μάτια τους ο σύντροφός τους είναι το πιο όμορφο πλάσμα στον κόσμο. Για να μη σας πω ότι και τα παιδιά μου τα βλέπω τα καλύτερα, όπως η κουκουβάγια τα δικά της.

Ο Φίλιππος και η μικρή Τατιάνα, που αποκτήσαμε πριν τρία χρόνια, είναι τα άλλα δύο μέλη αυτής της οικογένειας που είναι για μένα μια όμορφη και πολύτιμη προίκα, απόδειξη πραγματική και γλυκιά ότι μαθαίνοντας να αγαπάω και να δίνω, εισπράττω πια από παντού αγάπη και ευτυχία...

Μικρός επίλογος

Επτά παγίδες, επτά πατέντες που καθορίζουν λιγότερο ή περισσότερο τον τρόπο που διαλέγουμε το σύντροφό μας, το ταίρι μας και κουμπώνουμε μαζί του. Επτά παγίδες που μας οδηγούν μακριά από όσα ονειρευόμαστε κι επιθυμούμε, μακριά από τη συντροφική ευτυχία και αρμονία.

Μήπως είναι πολύ δύσκολο τελικά να υπάρξει κάποιος που θα ταιριάξει με μένα; Μήπως είναι ουτοπία όλα αυτά; Υπάρχει τελικά "ο άντρας της ζωής μου";

Υπάρχει.

Είναι εκείνος που θα κουμπώσει μαζί μου σε μια αμοιβαία βάση αλληλοσεβασμού και αγάπης.

Είναι εκείνος που θα στέκεται γερά στα πόδια του, που δε θα τσιγκουνεύεται και θα αφήνει τα συναισθήματά του ελεύθερα να εκφράζονται.

Είναι εκείνος που θα έχει ηθικές αρχές και θα ξέρει να τις χειρίζεται με ανθρωπιά και ευαισθησία.

Είναι εκείνος που θα σέβεται και θα αγαπάει τη γυναίκα, θεωρώντας τη σύντροφο ισότιμο και αγαπημένο, διαφορετικό, αλλά και όμοιο.

Είναι εκείνος που θα ξέρει να ποθεί, να λαχταράει και να χαίρεται τον έρωτα και το σεξ με ζωντάνια και ευαισθησία.

Δεν είναι κάποια "ιδανική" κινούμενη λίστα προτερημάτων.

Δεν είναι απαραίτητα κάποιος "σταρ" ή κάποιος σπουδαίος "πνευματικός άνθρωπος". Όταν κλείσουμε την πόρτα του σπιτιού μας, δε θα δίνει διαλέξεις ούτε θα υπογράφει αυτόγραφα! Κι εκεί, με κλειστή την πόρτα, θα βρεθούμε ενώπιος ενωπίω για να μιλήσουμε, να νιώσουμε και να ανταλλάξουμε συναισθήματα, για να μοιραστούμε και να συνυπάρξουμε.

Δεν είναι απαραίτητα κάποιος κατά την κοινή γνώμη "καλός γαμπρός".

Δεν είναι μυστηριώδης, ανεξερεύνητος, στρυφνός και "μοιραίος" τυραννίσκος, ούτε όμως απαραίτητα κάποιος οικείος και γνωστός με κοινά ενδιαφέροντα.

Συχνά μας ελκύουν άντρες που νιώθουμε να μας μοιάζουν, που τους νιώθουμε πιο δικούς μας, πιο οικείους, όπως ο διπλανός μας, αυτός που μοιραζόμαστε κοινά χόμπι ή αυτός που πιστεύουμε στον ίδιο Θεό, αυτός που μένει στην ίδια γειτονιά με μας, αυτός που ως έφηβοι είχαμε τα ίδια στέκια, που σπουδάζαμε στην ίδια πόλη ή που γεννηθήκαμε στον ίδιο τόπο.

Νομίζουμε ότι αυτό και μόνο αυτό είναι το ταίριασμα. Αν δηλαδή συναντήσουμε έναν άντρα με τον οποίο ταιριάζουν η συναισθηματική και η επικοινωνιακή μας προίκα, αλλά τολμάει να έχει διαφορετικά γούστα από εμάς, ε, τότε αρχίζουμε να δυσφορούμε και να διαμαρτυρόμαστε γιατί δεν ταιριάζουμε! Λες και δεν μπορούμε να μοιραστούμε τα ίδια ενδιαφέροντα με άλλους φίλους... Όχι! Πρέπει ο "άνθρωπός μας" να τρέχει στα βουνά μαζί μας κι ας σιχαίνεται τις ραχούλες, πρέπει να απολαμβάνει τον τάδε τραγουδιστή κι ας θέλει να κλείσει τα αυτιά του! Πρέπει να του αρέσει ό,τι μας αρέσει, αν μας αγαπάει πραγματικά. Δηλαδή: αν δεν του αρέσουν τα γούστα μου, τότε δε με αγαπάει, άρα δεν αξίζω.

Πόσο πιο απλή και εύκολη θα ήταν η συνύπαρξη, αν ξεχωρίζαμε το τι κάνουμε από το τι αξίζουμε, τις επιλογές μας από την αξία μας! Τότε θα μπορούσαμε να δεχτούμε ότι κάποιος διαφορετικός από εμάς ίσως έχει πράγματα να μας δώσει, αν δε βιαστούμε να τον βάλουμε στο "καλούπι μας", αν δεν τον απορρίψουμε.

Όμως αυτός ο άντρας γίνεται μοναδικός και υπέροχος, γίνεται ο "άντρας της ζωής μου", μόνο αν εγώ είμαι έτοιμη να τον δω και να τον δεχτώ σαν τέτοιο.

Για να τον ξεχωρίσουν όμως τα μάτια μου και να τον νιώσει η καρδιά μου, χρειάζεται να έχουν καθαρά φίλτρα και φακούς μεγάλης ευκρίνειας. Δηλαδή θα ταιριάξω μαζί του, αν:

Πατώ γερά στα πόδια μου και πιστεύω στην αξία και τις ικανότητές μου.

Τολμώ να δοθώ σε κάτι απλό, γήινο χωρίς δείκτη δυσκολίας για την κατάκτησή του.

Μάθω να αγαπώ τον εαυτό μου όπως είναι για να μη χρειάζεται να καταφεύγω στον έλεγχο, τον ανταγωνισμό, ψάχνοντας απελπισμένα μια νίκη για να μου αρέσω.

Αφήνω το σύντροφό μου να αναλαμβάνει το μερίδιό του στην ευτυχία μου και να δουλεύω εγώ το δικό μου.

Βλέπω και δέχομαι τον άντρα που έχω μπροστά μου, χωρίς αλλοιώσεις από κυρίαρχες ανικανοποίητες ανάγκες αναγνώρισης.

Σέβομαι και εκτιμώ το σύντροφό μου όπως και τον εαυτό μου, χωρίς να τον υποτιμώ και να τον μειώνω.

Τολμώ να έχω και να εκφράζω άποψη δική μου αντί να κουρνιάζω πίσω από τη δική του.

Ο σύντροφος λοιπόν δεν είναι ένα σύνολο από χαριτωμένα κοσμητικά επίθετα, **αντικειμενικά** αποδεκτά. Η κάθε γυναίκα έχει το **δικό της**, ατομικό ιδανικό.

Η κάθε ερωτευμένη γυναίκα, όταν διαθέτει αυτογνωσία και αυτοσυναίσθηση, μπορεί να δει ποιος ανταποκρίνεται στις δικές της επιθυμίες, ποιος είναι αυτός που θα βοηθήσει να γίνει η ζωή της από καλή καλύτερη, από χαρούμενη ευτυχισμένη!

Συχνά αναρωτιόμαστε πώς μπορούμε με σιγουριά να καταλάβουμε έναν άντρα "στ' αλήθεια". Μα κάθε άνθρωπος δίνει το προσωπικό του στίγμα συνέχεια, μέσα από καθημερινές απόψεις και δραστηριότητες, μέσα από όσα λέει και κάνει. Ο τρόπος που θα μας πλησιάσει, ο τρόπος που οδηγεί το αμάξι του και συμπεριφέρεται στους άλλους οδηγούς, η σχέση με τη μαμά του και την οικογένειά του, ο τρόπος που μιλάει στο σερβιτόρο, στον πωλητή, στο διευθυντή και τον υφιστάμενό του, στο ζητιάνο και τον ανάπηρο, στους φίλους και την κολλητή μας... Όλα αυτά δείχνουν πώς επικοινωνεί αυτός ο άνθρωπος, πώς νιώθει για τον εαυτό του και για το διπλανό του, πώς φτιάχνει σχέσεις.

Όλα αυτά και άλλα πολλά, λιγότερο ή περισσότερο σημαντικά, μπορούν να μας δώσουν σύντομα μια πρώτη εικόνα. Όταν όλα τα κομμάτια του παζλ που συνδέονται μεταξύ τους με ιστό τη μικρή ή μεγάλη αυτοεκτίμηση και των δύο μας, δένουν μεταξύ τους, τότε δημιουργούν ένα σύνολο ευανάγνωστο και κατανοητό. Έτσι όλα μπορούν να αποκτήσουν νόημα και εμείς να σχηματίσουμε μια πρώτη εικόνα της σχέσης που θα έχουμε μαζί του. Έχουμε λοιπόν μπροστά μας κάποιον για τον οποίο θα αποφασίσουμε αν θέλουμε να γίνει σύντροφός μας ή θα είναι ένας περαστικός εραστής ή τίποτε! Ανάλογα με τις ανάγκες, τις επιθυμίες, τις ελλείψεις, τις ελπίδες, τις επιδιώξεις μας.

Κάποιες φορές ενεργούμε παρορμητικά, χωρίς να ζήσουμε κάποιον για λίγο. Η συναισθηματική ακράτεια και η παρόρμηση οδηγούν σε επιφανειακές εφήμερες σχέσεις. Αν τις επιθυμούμε, έχει καλώς. Αν όχι, τότε προσπαθούμε να πιάσουμε ρίζες σε χέρσο χωράφι εισπράττοντας απογοήτευση, πόνο, πίκρα και μοναξιά!

Κάποιες άλλες φορές κολλάμε σε μεμονωμένα χαρακτηριστικά και τα ψάχνουμε εναγωνίως, είτε θεωρώντας ότι μόνο έτσι κινητοποιούμαστε ερωτικά είτε υποκύπτοντας σε ευχάριστες, νοσταλγικές, συναισθηματικές καταγραφές του παρελθόντος. Γοητευόμαστε δηλαδή συστηματικά από άντρες με συγκεκριμένη εξωτερική εμφάνιση, ύψος ή χρώμα μαλλιών, ματιών, κλπ. Άλλοτε γοητευόμαστε από συγκεκριμένα επαγγέλματα, όπως γιατρούς, δικηγόρους, καθηγητές. Πιανόμαστε από ένα χαρακτηριστικό τους και χτίζουμε ολόκληρο αυθαίρετο προφίλ παραβλέποντας το γεγονός ότι είναι πολύ φυσικό οι ευχάριστες συναισθηματικές καταγραφές από το παρελθόν να περιβάλουν θετικά ό,τι τις ανακαλεί, κάνοντάς μας να νιώθουμε αμέσως άνετα και οικεία.

Ο "άντρας της ζωής μου" είναι αυτός που θα μου αρέσει ως αρσενικό, που στα μάτια μου θα φαίνεται τουλάχιστον συμπαθής έως πολύ ελκυστικός, όπως κι εγώ στα δικά του.

Αυτός που θα έχει ηθικές αρχές όμοιες με τις δικές μου και θα τις επιβεβαιώνουμε και οι δύο στην καθημερινότητα.

Αυτός που θα έχει συναισθηματική διαθεσιμότητα, ανοιχτή καρδιά σαν τη δική μου.

Όσα δεν ξέρει θα τα μάθει μαζί μου. Όσα αγνοώ θα τα ψάξουμε μαζί.

Είναι αυτός με τον οποίο θα έχουμε κοινό νόημα ζωής. Αυτόν τον ήλιο οδηγό που εμπνέει τις επιλογές μας, τις πράξεις και τον τρόπο που πορευόμαστε στη ζωή.

Είναι στο χέρι μας να χαράξουμε τη δική μας ερωτική πορεία σήμερα χωρίς να αναθεματίζουμε ανθρώπους και γεγονότα από το παρελθόν. Συχνά πολλά δυσάρεστα, δύσκολο να λησμονηθούν, συνέβησαν στο παρελθόν. Ας τα κλείσουμε μέσα μας γλυκά και ομαλά για να μπορέσουμε να δούμε το σήμερα και όσα μας προσφέρει: ευκαιρίες, προοπτικές, επιλογές.

Δυσκολίες και εμπόδια υπάρχουν πολλά. Όμως δεν είμαστε μικρά, απροστάτευτα και αδύναμα πλασματάκια, ανήμπορα και ανίκανα να αντεπεξέλθουν και να πορευτούν στη ζωή. Κι αν δεν ξέρουμε τον τρόπο, στο χέρι μας είναι να το μάθουμε...

Αρκεί να αρχίσουμε να αξιολογούμε τον εαυτό μας και να συνειδητοποιούμε τις δυνατότητές μας.

Να τολμάμε την πορεία προς τα μπρος και να αντιμετωπίζουμε την όποια αποτυχία σαν μια πράξη μεμονωμένη και όχι σαν συνολική απαξία του εαυτού μας.

Να μάθουμε να αντιμετωπίζουμε τα γεγονότα της ζωής μας σαν δείκτες και αφορμές για απόκτηση εμπειρίας και γνώσης και όχι σαν μπαμπούλες τρομακτικούς που μας καθηλώνουν και μας ακινητοποιούν!

Αρκεί να νιώσουμε και να δεχτούμε ότι είμαστε και εμείς –όπως και οι άντρες– **και** δυνατές **και** αδύναμες **και** θαρραλέες **και** δειλές **και** τρυφερές **και** σκληρές.

Ότι έχουμε ακάλυπτες ανάγκες και δυνατές επιθυμίες.

Κάποτε νιώθουμε ικανές και άλλοτε ανήμπορες. Άλλοτε βαδίζουμε αποτελεσματικά με επιτυχία και άλλοτε λοξοδρομούμε μέσα από αλλεπάλληλα λάθη.

Συχνά φοβόμαστε και λυγίζουμε από τις ευθύνες κι ύστερα παίρνουμε θαρραλέα δύσκολες αποφάσεις και παλεύουμε δυναμικά με κάθε είδους εμπόδιο κι αναποδιά.

Κανείς στο ζευγάρι δεν μπορεί να είναι ευτυχισμένος, όταν υπάρχουν "σωτήρες" και "καημένοι", όταν υπάρχουν ανώτεροι και κατώτεροι.

Ευτυχία μπορεί να υπάρξει, όταν υπάρχει αλληλοσεβασμός και αγάπη.

Όταν το χέρι που θα πιάσει το δικό μου, δε θα το σφίξει με δύναμη και επιβολή για να με υποτάξει.

Όταν το άγγιγμά μου, θα έχει αγάπη και όχι υποταγή ή απειλή.

Όταν τα μάτια μας θα ανταμώνουν κατευθείαν χωρίς φόβο ή αδιαφορία.

Όταν οι καρδιές μας ανοίξουν για να χαρίσουν και να δεχτούν συναισθήματα αγάπης, τότε ίσως να έχουμε βρει το "δικό μας ταίρι", το δικό μας συνεργάτη της αγάπης που μαζί του θα πορευτούμε στα δύσκολα και τα εύκολα, στη χαρά και τη θλίψη, στις ελπίδες και τις απογοητεύσεις, σε όλα όσα σε αυτή τη ζωή έχουμε να περάσουμε μαζί και να μοιραστούμε!

Βιβλιογραφία

Pines, A. M., *Πώς και γιατί ερωτευόμαστε*,
εκδόσεις Περίπλους, 2000

Bly, R., *Αναζητώντας τον άντρα ή τι σημαίνει να είσαι άντρας*,
εκδόσεις Λύχνος, 1994

Shain, M., *Μερικοί άντρες είναι καλύτεροι από άλλους*,
εκδόσεις Γλάρος, 1992

O Paul, M., Viscott, D., Paul, J.,
Do I have to give up me to be loved by you?,
Minneapolis CompCare Publications, 1994

Πιντέρης, Γ., *Συντροφικότητα α λα ελληνικά*,
εκδόσεις Θυμάρι, 1998

Gellert, S., *Όμοιος ομοίω ζευγαρώνει*,
εκδόσεις Διογένης

Watzlawick, P., *The situation is hopeless, but not serious: The pursuit of unhappiness*,
W.W. Norton, 1993